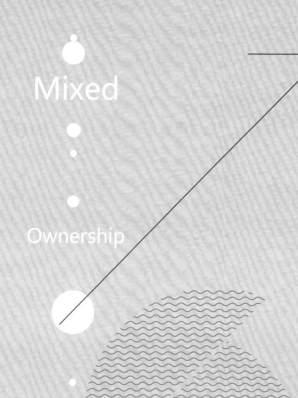

行政垄断企业混合所有制
改革与创新的评价研究

Mixed

Ownership

Reform

林峰 著

中国社会科学出版社

图书在版编目（CIP）数据

行政垄断企业混合所有制改革与创新的评价研究/林峰著．—北京：中国社会科学出版社，2017.8
ISBN 978 - 7 - 5203 - 0647 - 8

Ⅰ．①行… Ⅱ．①林… Ⅲ．①国有企业—经济体制改革—研究—中国②中国经济—混合所有制—经济体制改革—研究 Ⅳ．①F279.241②F121.24

中国版本图书馆 CIP 数据核字（2017）第 169204 号

出 版 人	赵剑英
责任编辑	王　曦
责任校对	王纪慧
责任印制	戴　宽

出　　版	中国社会科学出版社
社　　址	北京鼓楼西大街甲 158 号
邮　　编	100720
网　　址	http://www.csspw.cn
发 行 部	010 - 84083685
门 市 部	010 - 84029450
经　　销	新华书店及其他书店

印　　刷	北京明恒达印务有限公司
装　　订	廊坊市广阳区广增装订厂
版　　次	2017 年 8 月第 1 版
印　　次	2017 年 8 月第 1 次印刷

开　　本	710×1000　1/16
印　　张	15
插　　页	2
字　　数	219 千字
定　　价	69.00 元

凡购买中国社会科学出版社图书，如有质量问题请与本社营销中心联系调换
电话：010 - 84083683

序

混合所有制改革（以下简称"混改"）是当前中国国有经济改革的重要方向，本书分别对混合所有制改革后股权结构变化对绩效的影响、新的国有和私有股权制衡程度对绩效的影响、新股权结构对创新的影响、对企业内部收入差距的影响等展开了研究，对近10年"混改"的效果进行了综合评估，针对存在的关键问题，提出了建设性意见。

行政垄断行业是中国国有经济集中存在的行业，而今，要不要"混改"已经不是问题，问题是如何"混改"、"混"到什么程度、如何评价"混改"的有效性以及如何进一步推进"有效混改"。学界欠缺经得起实践检验的理论，也就无法保障中国以私有化为主调的"混改"经得起历史的检验。鉴于行政垄断行业在中国的庞大体量，深入开展其"混改"创新的研究，有利于发现制约其"混改"创新的瓶颈、机制和障碍，有助于深入推进行政垄断行业的系统化改革。在中国的改革与发展已经步入深水区的新常态之下，创新早已成为时代进步的迫切需要。那么，如何发挥、发掘行政垄断行业在技术进步、创新方面的既有优势和潜力，进而有效促进中国资源配置的优化，提高资源配置的效率，就必将成为有效推动中国经济社会在新常态下实现长效可持续发展的一个重要着力点和支撑点。

本书的特点之一是，学术思想更辩证，着力克服"非此即彼"的传统二元片面思维方式。

非此即彼的传统经济学"点理性"思维和判断研究模式导致部分学者得出的研究结论是二元的"是"或者"否"，但在经济研究中这显然不符合辩证法。苏联和新中国经济发展的实践，对比欧美发达国家，到底是所有制属性还是人性取舍导致国有企业业绩或者创新能力"低"或"高"？混合所有制改革聚焦的"所有制"恐怕只是其一个因素，尽管是学界普遍认可的关键的主要因素，但绝不是全部因素，需要进行深入研究。

本书的特点之二是，内容范围更具体，聚焦行政垄断性企业这一当前改革的"硬骨头"。

与国内已有其他研究相比，本书立足于行政垄断行业这一特殊类型行业，专门针对该行业"混改"的效果进行综合评估，是对其他相关研究的必要补充。

现有其他混合所有制问题的研究多是从宏观角度进行的，如厉以宁（2014）的《中国道路与混合所有制经济》、江涛（2016）的《混合所有制经济理论与实践》、李正图（2016）的《混合所有制经济研究》；也有从国有企业整体角度进行的研究，如宋文阁（2014）的《混合所有制的逻辑：新常态下的国企改革和民企机遇》，程志强（2016）的《国有企业改革和混合所有制经济发展》；还有从公司治理的微观角度展开的研究，如张文魁（2015）的《混合所有制的公司治理与公司业绩》；等等。较少有学者专门研究行政垄断企业——该类型企业恰恰是混合所有制改革的"硬骨头"。

本书的特点之三是，结构布局清晰简明。

其他学者已经对混合所有制改革做了较为深入的研究，在前人研究的基础上，本书着重考察混合所有制股权结构与绩效、混合所有制股权制衡与绩效、混合所有制股权结构与创新等之间的关系，结构简明清晰。

本书的特点之四是，注重实证分析，以大量实证数据说话。

在前人理论研究的基础上，本书获取大量上市公司财务数据，以事实数据说话，实事求是地论证10年来混合所有制改革的相关情况。

摘　要

混合所有制改革是当前中国经济改革发展中备受关注的一件大事，为了更好地将混合所有制改革向深水区推进，本书对 2006—2015 年 10 年间 67 家典型代表性行政垄断上市企业开展混合所有制改革与创新的效果进行了综合评价。

在混合所有制股权结构与绩效方面，对比测算发现，电信和石油业国有股权占比较高，业绩整体呈现下降趋势，而航空运输和电力业国有股权占比相对较低，业绩虽有所波动，但均整体平稳。运用衡量股权结构与公司绩效关系的财务绩效模型和投入产出模型计量发现，股权集中度（或分散度）与公司绩效之间没有显著相关关系；国有股权与企业绩效显著相关；外资股权与企业财务绩效弱相关，而与产出强相关；国内私有股权仅与下一期公司绩效显著相关。

在混合所有制股权制衡与绩效方面，从 67 家上市公司年报获得 11390 个数据，构建了股权制衡模型以探究其对绩效的影响，发现非国有股权制衡度基本保持平稳。以营业收入作为绩效的考量指标时，其受到外资股权制衡度的显著影响，却与国内私有股权制衡度没有显著关系；以总资产收益率（ROA）作为绩效考量指标时，此模型无法判断其与股权制衡的关系。这说明非国有股东的股权制衡作用尚不完善，非国有股东可能更倾向于"搭便车"。本书深化了"混改"评价指标应多元化而非单一化的认识。

在行政垄断企业的创新能力方面，为比较行政垄断行业与竞争性行业的直接创新贡献度，采用 2011—2013 年的数据，分析了衡量创新投入维度的 R&D 人员、R&D 经费、项目数、项目经费支出、技术获取和技术改造经费、新产品开发项目数、新产品开发经费支出等项目；分析了衡量创新产出维度的专利申请数、发明专利申请数、有效发明专利数、新产品销售收入等项目。结果表明，6个行政垄断行业在两个维度的整体贡献度都较低，而使用专利申请效率和新产品销售收入效率衡量的创新效率则相差无几。

针对部分学者认为国有企业创新能力最差的判断，在探讨国有企业范围的界定、剖析其他学者论证过程与其研究结论的关系，甚至重新探讨"经济人"这一前置假设之后，选取中国汽车零部件及配件制造业这一竞争性行业中的微观企业数据，使用 Malmquist Index 对比分析了国有企业和私有企业上市公司的创新情况。测算结果表明，整体上国企比私企的创新能力更高，细分企业之间的对比也是各有千秋。这两种相反的判断可能互为悖论，前者是锢于非此即彼的传统经济学思维和判断模式的结果。而导致国有企业创新能力低与高的是所有制属性与人性取舍之间的相互综合作用。

对于"混改"能否促进创新的问题，本书对6个行政垄断行业的创新情况及其影响因素进行了直观对比，发现电信业和石油开采业研发投入巨大，研发强度保持稳定，其股权集中度均大于50%，国有股权占比都大于70%，而航空运输业研发投入稀少，电力行业仅有42.86%的公司有研发部门，后两者股权集中度均小于30%，国有股权占比均低于60%。对离散性研发强度使用 Tobit 模型、对 Malmquist Index 使用 FGLS 进行检验估计发现：研发强度仅与股权集中度显著相关，而全要素生产率与股权结构的关系并不显著；两个角度衡量的创新均与公司成长性关系显著；资产规模有助于研发强度的增加，而无助于全要素生产效率的提升；员工规模有助于提升全要素生产率，却无助于提升研发强度。

"混改"后行政垄断企业内部的收入差距问题备受社会各界关注，采用上市公司2006—2015年的年报财务数据，对比分析了6个典型代表性行政垄断行业各自内部的收入差距情况，并借助于研究收入差距与经营绩效关系的竞赛理论和行为理论，设计了计量模型。测算发现，股权集中度与高管之间的薪酬差距高度正相关，而与高管和员工之间的薪酬差距不相关；国有股权占比与两类薪酬差距都显著负相关；非国有股权占比仅与高管和员工之间的薪酬差距显著负相关，而与高管之间的薪酬差距不相关。

本书还设计了评价"混改"效果的综合指标，并用以测度 5 大行政垄断行业"混改"效果，结果表明现有行政垄断行业"混改"带来的绩效水平提高有限，创新能力效果较差。

最后，本书提出了针对性的政策建议，认为首先应正确认识和评价混合所有制改革。"混改"的目标应通过优化公司治理架构、制度和机制来实现，应设计多元化而不是单一化的评价"混改"效果的评价指标，通过环境规制，督促行政垄断型企业加大创新投入，通过综合创新促进改革。

关键词：混合所有制改革；股权结构；股权制衡；行政垄断；绩效；创新

ABSTRACT

It is a high – profile great event that mixed ownership reform in the current China's economic reform and development. In order to carry the mixed ownership reform forward the deep water area, this paper made comprehensive evaluation on the effect of mixed ownership reform and innovation of 67 typical representative administrative monopoly listed companies from 2006 to 2015.

In order to explore the relationship between the performance and mixed ownership reform of administrative monopoly company, this study found that the performance of telecom and oil industries which state – owned equity ratios were higher presented the downward trend and the performance of air transport and electricity industries which state – owned equity ratios were relatively low presented overall stable although fluctuated. Made Use of corporate financial performance model and input – output model which measured the relationship between ownership structure and the performance, this paper discovered that there was no significant correlation between equity concentration (or dispersion) and corporate performance, there was significant correlation between State – owned equity and corporate performance, there was weak correlation between foreign equity and corporate financial performance while strong correlation between foreign equity and the output, and there was only significantly correlation between the domestic private equity and the next issue of corporate performance.

Made use of 11390 data of 67 listed companies, this paper constructed ownership check-and-balance model to explore its impact on performance.

The results showed that the check – and – balance degree of non – state ownership kept stable, the performance measure index of operating revenue was affected significantly by foreign ownership check – and – balance degree but not the domestic private equity balance degree and it was impossible to judge the relation between ROA and equity check – and – balance in the same way. It showed that the check – and – balance function of non – state ownership was not yet perfect and non – state shareholders tended to hitchhiking. This study deepened the cognition that the evaluation index of mixed ownership reform should be diversified rather than simplified.

In order to compare the direct innovation contribution between administrative monopoly industries and competitive industries, this paper made use of data from 2011 to 2013, analyzed such input items as R&D personnel and expenses, the number and funds of project, the expenditure of technology acquisition and technology transformation, the number of new product development projects and its spending and analyzed such output items as the number of patent application as well as invention patents, the number of effective invention patents, income of new products etc. The results showed that 6 administrative monopoly industries were lower than competitive industries of these 2 dimensionalities. The innovation efficiency of the two kinds industries was nearly the same by the measure of the efficiency of patent application and new product sales revenue.

Some scholars believed that the innovation ability of state – owned enterprise was the lowest. This paper discussed the definition of state – owned enterprises, analyzed other scholars' process of argumentation and its conclusion and even to explore afresh the hypothesis of "economic man". It selected the micro data of Chinese auto parts and accessories manufacturing in competitive industries, contrasted and analyzes the innovation of state – owned enterprises and private enterprises listed companies by use of the Malmquist Index. The result showed that the overall innovation ability of state – owned enterprises was higher instead than private enterprises and each subdivided enterprises had its strong point. At last, we think that the two opposite judgment may be paradox. Those scholars' judgment resulted from the black or white thinking and judgment model of traditional economics. It was dew to the nature of ownership and the choice of human nature as well as their acting together that resulted in low innovation ability of state – owned enterprise or high.

For the sake of the relationship between innovation of administrative monopoly enterprises and mixed ownership reform, this paper contrasted the innovation status as well as its influencing factors of five administrative monopoly industries directly and found that the R&D investment of telecommunications industry and oil industry were huge and the R&D intensity were stable. The ownership concentration of them were greater than 50% and the proportion of state – owned equity were both more than 70%. There was rare R&D investment of air transportation industry and only 42. 86% of the electric power company which had invested on R&D. The ownership concentrations of the latter two industries were both less than 30% and their state – owned equity accounted for both less than 60%. This paper made use of Tobit model on discrete R&D intensity and FGLS estimates on the Malmquist Index and found that R&D intensity was only related to ownership concentration significantly while the relationship between TFP and the ownership structure was not significant, there were significantly relationship between innovation of the two measures and company growing, the Assets scale was be conducive to increasing the R&D concentrations but made no contribution to improving TFP and the employee scale contributed to improve TFP but do little to enhancing R&D intensity.

The inner income gap problem of administrative monopoly enterprises induced great social focus after the mixed ownership reform. This book made use of 10 years listed company financial data from 2006 to 2015 annual report, compared inner income gap of 6 typical representative of administrative monopoly industries, and by means of the competition theory and behavior theory, designed the econometric model. It discovered that the ownership concentration was highly related to the pay gap between executives but unrelated to the pay gap between executives and employees, the state – owned equity accounted was significant negative correlation with the two kinds of pay gap and non – state equity accounted was only significantly negative correlation with the pay gap between executives and employees.

This paper also designed a comprehensive index to evaluate effect of mixed ownership reform and measured the mixed reform effect of the 5 administrative monopoly industries. The result showed that the mixed reform brought limited performance level and poor innovation ability effect.

Finally, this study put forward corresponding policy recommendations. Firstly, we should understand and evaluate the mixed ownership reform correctly, the purpose of mixed ownership reform should be realized by optimizing corporate governance structure, system and mechanism, the evaluation index of its effect should be diversified rather than simplified, we should carry on environment regulation to supervise administrative monopoly enterprises increasing investment in innovation and promoted the reform through comprehensive innovation.

Key Words：Mixed Ownership Reform；Ownership Structure；Ownership Structure Check – and – balance；Administrative Monopoly；Performance；Innovation

目　录

第一章 绪论

一 问题的提出

（一）新常态下行政垄断企业混合所有制改革的效果需要及时总结与评价

私有化还是国有化一直是学界近 30 多年来不断探索、争论的热点。Megginson 和 Netter（2001）研究了发展中国家和发达国家股权发生了变化的公司样本，发现民营化绝大多数情况下都带来了绩效的提升。改革开放后，国内学界大多也认为私有制主导的市场经济体制优于原计划经济体制，之后历经多种尝试，中国广泛采用了"股份制"这种产权安排制度——同时也就奠定了混合所有制改革的基础，社会经济发展随之取得了令人瞩目的成就。这导致破除单一公有制、学习实践欧美发达国家私有化的理论和经验成为学界主流。但是，2008年美国金融危机的爆发及其强大的破坏力，致使学界不得不反思私有资本主导的市场经济至今仍无法克服的其内在的盲目性、滞后性和狭隘性。

行政垄断行业是中国国有经济集中存在的行业，而今，要不要"混改"已经不是问题，问题是如何"混改"、"混"到什么程度、如何评价"混改"的有效性以及如何进一步推进"有效混改"。学界欠缺经得起实践检验的理论，也就无法保障中国以私有化为主调的"混改"经得起历史的检验。鉴于行政垄断行业在中国的庞大体量，深入开展其"混改"创新的研究，有利于发现制约其"混改"创新的瓶颈、机制和障碍，有助于深入推进行政垄断行业的系统化改革。

（二）进一步推动行政垄断企业混合所有制改革需要创新驱动

在中国的改革与发展已经步入深水区的新常态之下，创新早已成为时代进步的迫切需要。那么，如何发挥、发掘行政垄断行业在技术进步、创新方面的既有优势和潜力，进而有效促进中国资源配置的优化，提高资源配置的效率，就必将成为有效推动中国经济社会在新常态下实现长效可持续发展的一个重要着力点和支撑点。

学界对于如何发挥这一客观存在对中国国民经济发展的作用已经展开了比较深入的研究，但是这些研究多数聚焦于其负面效应，缺乏对其正面效应的研究，尤其是缺乏对于通过该类型行业的创新与发展推动国民经济发展的研究。

世界各国经济在 2008 年美国金融危机之后的表现远低于预期，并没有实现所谓的"V"形反转——或者说危机后预期世界经济会"立马"实现"V"形反转仅仅是经济繁荣惯性和学历思维惰性下的一厢情愿。尤其是欧债危机之后，世界经济走向扑朔迷离，当前英国"脱欧"闹剧产生的蝴蝶效应更使得欧元区复苏可能成为世界经济复苏的"陷阱"。尽管美国经济自 2009 年之后在证券市场上表现亮眼，但是这能否表示其实体经济已经走出危机值得探讨（刘骏民，2014），毕竟，美国的证券市场繁荣得益于美元的世界货币地位和其量化宽松政策，真实的美国经济成长性有待进一步观察。

为进一步发挥国有经济活力，实现中国经济稳定增长，有必要梳理国有企业尤其是行政垄断型企业致力于创新与发展的历史，以发现当前桎梏其继续创新与发展的关节点。有必要剖析行政垄断和行政垄断行业对全社会的创新所起到的促进或者阻碍作用，与竞争性行业相比其贡献的大小及其原因，并通过实证对比，剖析其与竞争性行业相比的优势与劣势。在中国现有公有制度背景保持稳定的条件之下，具有创新活力的各类型创新主体应如何发挥其主观能动性，适应现有条件，利用现有资源，推陈出新，实现行业的创新与发展，也是值得探讨的问题。

（三）国有企业的混合所有制改革与发展创新是保障中国摆脱世界经济低迷影响的不可忽视的坚实基础

在中国经济进入新常态、世界经济走势扑朔迷离的今天，正确看待国有企业的历史和现实地位，才能正确发挥其稳定经济运行、促进经济和社会持续健康发展的作用。作为国有企业典型代表的行政垄断在中国必将是一个长期的客观存在。这首先是源于中国公有制的主体地位及其长期的客观存在性；其次是源于中国传统计划经济体制的遗留，在向市场经济体制转变的渐进过程中，形成的转轨经济背景和条件。这就决定了行政垄断以及由此伴生的行业性和地区性行政垄断必将长期存在。

2016年7月4日，习近平总书记在全国国有企业改革座谈会上强调："国有企业是壮大国家综合实力、保障人民共同利益的重要力量，必须理直气壮做强做优做大，不断增强活力、影响力、抗风险能力，实现国有资产保值增值。要坚定不移深化国有企业改革，着力创新体制机制，加快建立现代企业制度，发挥国有企业各类人才积极性、主动性、创造性，激发各类要素活力。要按照创新、协调、绿色、开放、共享的发展理念的要求，推进结构调整、创新发展、布局优化，使国有企业在供给侧结构性改革中发挥带动作用。要加强监管，坚决防止国有资产流失。要坚持党要管党、从严治党，加强和改进党对国有企业的领导，充分发挥党组织的政治核心作用。各级党委和政府要牢记搞好国有企业、发展壮大国有经济的重大责任，加强对国有企业改革的组织领导，尽快在国有企业改革重要领域和关键环节取得新成效。"

同日，李克强总理指出："长期以来，国有企业为推动经济社会发展、提升综合国力作出了重大贡献。当前，面对新常态、新形势，要认真贯彻党中央、国务院决策部署，牢固树立新发展理念，坚持不懈推动国有企业改革，积极推进建立现代企业制度和完善的法人治理结构，遵循市场规律，瘦身健体、提质增效，淘汰过剩落后产能，以推动供给侧结构性改革。紧紧抓住世界新科技革命和产业变革的机遇，落实创新驱动发展战略，积极发展新经济，依托'互联网+'和大众创业、万众创新,弘扬企业家精神和工匠精神,不断创新技术、产品与服务,提高主业的核心竞争力,推动传统产业改造升级。按照突出重点、规范有序、量力而行、防范风险的要求,更加扎实有效地推进'引进来'和'走出去'。各地区、各部门要着力破除体制机制障碍,完善监管制度,积极为国有企业改革营造良好环境。"

既然行政垄断必将在相当长的一个历史时期内在中国经济大舞台上存在并发挥作用,那么,如何在现有条件下正常、充分发掘、发挥其正能量就是一个具有现实紧迫性的课题。尽管学界当前对于行政垄断行业微词颇多,但是,实事求是地正视客观问题,并提出切合实际的解决之道才是明智之举。

二 相关概念的界定

(一) 行政垄断

行政垄断是转轨经济中的一种特殊现象,是政府运用公共权力对市场竞争的限制与排斥(于良春,2011),换言之,该类型的垄断是由政府权力安排造成的,而不是市场参与主体通过市场竞争自然形成的,由于其在市场竞争中处于优势地位,其他市场竞争参与主体无法与之展开公平竞争,因而备受经济学界批判。

该类型垄断古已有之,最典型的就是春秋时期齐国的盐铁专营,其利在于保障并增加国家的财政收入,其弊在于禁止了市场竞争,在重农抑商的封建社会,这一弊端并不明显。中国经济改革要使"市场在资源配置中起决定性作用",显然,公平、公正、法治的市场竞争环境必不可少,该类型垄断也就转变成了影响市场经济发展完善的桎梏。

(二) 行政垄断行业与企业

行政垄断行业主要包括石油和天然气开采业、电信和其他信息传输业、航空运输业、铁路运输业、烟草制品业、银行业、邮政业、电力热力的生产和供应业、水的生产和供应业、燃气生产和供应业、石油加工炼焦及核燃料加工业 11 个（丁启军，2010）。这 11 个行业的行政垄断程度比较高，均借助于国家行政权力形成经济垄断，其行政垄断属性在学界也较为被公认，与岳希明、李实和史泰丽（2010）以行业中竞争性企业个数和农民工人数的多寡为标准来划分的垄断行业与竞争行业基本一致，在当前具有典型性（于良春，2011）。

行政垄断行业的确立源于马克思主义政治经济学判定的私有制经济内在的私人所有与社会化大生产之间的矛盾，这一矛盾是一种客观历史存在。对中国而言，行政垄断行业建立的基础是"集中力量办大事"的历史客观需要，其在建立之后曾经促进了中国经济的稳定与发展。

在本书第二、第三、第五、第六和第七章均采用上市公司数据进行分析，因此，没有上市公司的烟草制品业、邮政业和石油加工炼焦及核燃料加工业 3 个行业被剔除；地域性较强的水的生产和供应业和燃气的生产和供应业 2 个行业也被剔除；银行业作为服务业，其数据结构比较特殊[①]，比如其资产负债率明显很高，不适合与其他行业一起进行计量研究，因此也予以剔除。最后保留的行业有石油和天然气开采业、电信和其他信息传输业、航空运输业、铁路运输业与电力热力的生产和供应业 5 个行业。另需说明的是，铁路运输业仅有 3 家上市公司，所测得的结果仅代表这 3 家公司本身的平均情况，不能代表整个中国铁路运输行业，而其他行业的上市公司无论是资产总规模、营业收入还是员工数量，基本都能代表整个行业。

在行政垄断行业中从事生产经营的企业就是行政垄断企业，显然，由于上市公司数据的局限，5 大行政垄断行业仅仅是中国行政垄断行业的典型代表，而不是全部。

---

① 卢锐（2007）、张正堂（2007）、鲁海帆（2007）、李维安等（2010）、胥佚萱（2010）、陈东华等（2010）、陆正飞（2012）等在做相关研究时，也是由于金融类行业企业的数据结构区别于一般行业，为避免影响研究结论，均对金融类上市公司的样本和数据进行了剔除处理。

（三）混合所有制改革

混合所有制对应着单一的公有制或者单一的私有制，指的是在像中国这样的社会主义国家中，将曾经单一的公有制逐步改变为公有制与私有制混合在一起的所有制结构。混合所有制改革的目的是"应对日益激烈的国际竞争和挑战，推动我国经济保持中高速增长、迈向中高端水平"。

中国对混合所有制的认识经历了曲折的历史过程，新中国成立后面临西方的政治、经济、外交等全方位的封锁，只能学习苏联的成功经验，而苏联恰恰践行了马克思主义政治经济学的单一公有制并在特定历史条件下取得了巨大的成功，中国自 1957 年社会主义改造完成后就建立了单一的公有制经济，前几个"五年计划"的成功实施也证明了这种所有制结构确实具有较强的生命力。但是，随着历史的发展，其弊端也逐渐显现，尤其是在 20 世纪六七十年代西方经济突飞猛进之时，中国就大大落后于时代了。既然单一公有制在中国已经不能进一步解放和发展生产力，自 80 年代改革开放之后，中国就逐步放弃了单一的公有制，逐步引入私有制和私有制经济。在经济运行方式上，先是打破了单一的计划经济体制，逐步引入商品经济，直至1992 年正式确立要建立社会主义市场经济体制，随之进行的"股份制"改革本身就实行了混合所有制——公有制和私有制的混合，只不过在当时的历史条件下过于重视公有制的控制地位和主导地位。2015年 9 月 24 日《国务院关于国有企业发展混合所有制经济的意见》（国发〔2015〕54 号）将这一改革目标落实下来。

（四）创新

创新是指以现有的思维模式提出的有别于常规或常人思路的见解为导向，利用现有的知识和物质，在特定的环境中，本着理想化需要或为满足社会需求，而改进或创造新的事物、方法、元素、路径、环境，并能获得一定有益效果的行为①。

在西方，创新概念的起源可追溯到 1912 年美籍经济学家熊彼特

---

① http：//wiki. mbalib. com/wiki/％E5％88％9B％E6％96％B0.

的《经济发展概论》。熊彼特在其著作中提出，创新是指把一种新的生产要素和生产条件的"新结合"引入生产体系。它包括五种情况：引入一种新产品，引入一种新的生产方法，开辟一个新的市场，获得原材料或半成品的一种新的供应来源。熊彼特的创新概念包含的范围很广，如涉及技术性变化的创新及非技术性变化的组织创新。

中国的行政垄断行业改革与发展不但需要企业内部的技术创新，更需要企业内部和行业层面的组织创新，只不过学界当前已经成为成见的定式思维是——垄断就没有创新。该判断本身显然不符合辩证法。

三　主要内容与研究框架

本书使用近 10 年的数据，考察评价 5 大行业混合所有制改革的综合效果，以及该类型行业企业的创新情况，力图通过梳理影响混合所有制改革效果的诸因素，找到进一步推进行政垄断行业改革与创新的路径。

（一）主要内容

1. 探讨行政垄断企业混合所有制股权结构与绩效的关系

为探寻行政垄断企业混合所有制改革的成效，在对股权结构进行探讨、界定的基础上，首先采用 2006—2015 年中国 5 大行政垄断行业上市公司数据，对比测算股权结构变化与业绩变化之间的直观关系。然后运用衡量股权结构与公司绩效关系的财务绩效模型和投入产出模型，测度股权结构与业绩之间的深层次关系，尤其是非国有股权对企业业绩的影响。

2. 行政垄断企业混合所有制股权制衡与绩效之间的关系

先对股权制衡情况进行统计描述；然后通过构建股权制衡模型，深入探究其对绩效的影响。重点考察行政垄断行业非国有股东的股权制衡作用是否发挥到位，其影响因素是什么。

3. 考察行政垄断行业创新能力情况，以及所有制性质与创新能力之间的关系

系统分析行政垄断行业与竞争性行业的直接创新贡献度、直接创新效率情况，深刻探讨所有制性质本身与创新能力之间的关系。

4. 考察混合所有制股权结构与创新的关系

在创新改革成为潮流的今天，深入探讨股权结构变化与创新之间的关系，为行政垄断行业内部的创新改革提供实证和理论支撑。

5. 考察混合所有制股权结构与内部收入分配差距的关系

调查混合所有制行政垄断企业内部收入分配的结构与差距，重点关注股权结构与收入差距的关系。在混合所有制条件下，行政垄断行业高管过高收入的合理性与非合理性需要新的判断标准，该问题将借助于计量模型来实证检验，主要变量是行业内部收入差距对本行业经济效率的影响，也就是建立行业内部收入差距与衡量股权结构以及行业发展各指标之间的关联函数，寻找其内在的经济学与管理学联系，如行业内部收入差距与股权结构（股权集中度、股权构成）、营业收入、总资产收益率、行业类型、两职合一、董事会独立性、监事会规模、内部人控制率、员工规模、人均管理费用水平、资本结构风险和管理效率等指标之间的联系，寻找适当的影响因子并判断其影响大小。

6. 系统设计用于评价"混改有效性"的指标体系，并对其进行评价

系统设计客观、合理的指标评价体系，以便对"混改"效果进行辩证评价。

7. 推进行政垄断行业混合所有制改革，通过创新进一步促进中国经济的改革与发展

通过前述研究，了解影响混合所有制改革效果和创新效果的因素，提炼新常态下具有操作价值的政策建议，总结本书的不足之处，确立进一步深入研究的方向和目标。

（二）研究框架

本书的基本框架如图 1-1 所示。

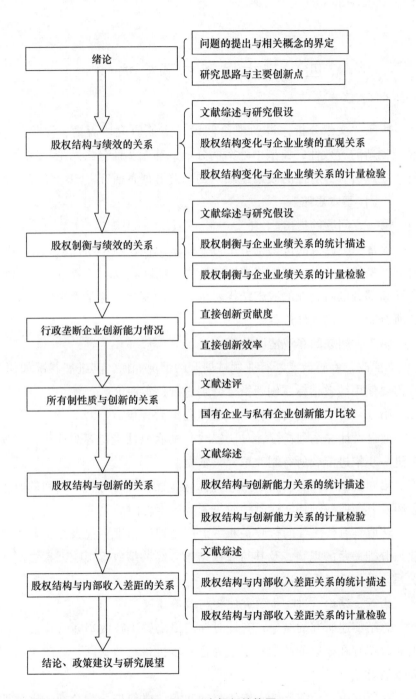

图 1-1　研究框架结构图

四 基本思路与研究方法

按照"文献分析，得到理论假设；实证研究，衡量、评价'混改'创新的有效性；典型中外案例分析，补充实证分析结论；综合分析，提炼出有针对性的政策建议"的思路开展本研究。

（一）基本思路

第一，问题的提出。

新常态下巨大的市场竞争压力导致系统性风险不断加大，不同所有制类型的行业企业都面临着调整压力，而随着政府"救市"行动的展开，部分国有企业的股权结构发生了逆向变化。这是否影响到了混合所有制改革的整体进程？

第二，问题的客观情况分析。

"混改"在行政垄断行业领域展开的情况如何？其进展状况如何？这需要使用绩效指标、创新指标分别进行科学评价。

第三，对"混改有效性"问题进行综合评价。

通过设计一系列指标，对"混改"的有效性进行客观评价，以便为进一步推进混合所有制改革提供依据。

第四，测度代表性企业内部高管与高管、高管与员工之间的收入差距及其与股权结构、运营绩效等影响因素之间的关系。

选取具有代表性的行政垄断型上市公司，测度各代表性企业内部收入分配差距的现状，及其与股权结构、经营绩效等影响因素之间的关系，并探究其深层次根源。

第五，结论、进一步研究展望与政策建议。

总结前述研究的结论，有针对性地提出解决行政垄断行业混合所有制改革存在问题的政策建议，为进一步推进行政垄断行业改革与创新发展奠定基础。

在研究中发现需要进一步研究的问题，以便进一步全面、辩证地深化、完善行政垄断领域的研究。开展该理论和实证研究必将丰富和深化有关行政垄断问题的研究成果。

（二）研究方法

根据研究的需要，本书主要使用了实证分析法和规范分析法，以实证分析法为主，综合运用其他多种研究方法。

为了进行实证研究，本书需要使用大量统计调研数据说明当前中国行政垄断行业混合所有制改革及其效果情况，借助于抽样调查方法，获得行政垄断行业与竞争性行业的相关历史面板数据，并进行比较分析。这些面板数据主要是行政垄断行业、竞争性行业以及其他代表性行业的上市公司的数据，来自上市公司年度报告，而且经过了会计师的审计，因此是相对可信的第一手资料。

为了对规范分析提供更有力的实证支持，必须进一步使用计量分析方法，发现各影响因素之间的深层次关联程度。这就需要借助于相关计量经济模型构建测度行政垄断企业股权结构变化对企业业绩影响的模型，构建测度股权结构制衡对企业业绩影响的模型，构建测度股权结构变化对创新能力影响的模型，特别是构建测度所有制类型与创新能力关系的模型。这对于判定行政垄断行业改革与发展的辩证作用具有支撑作用。

特别需要指出的是，因为本研究的主要数据来源于上市公司年报中的会计报表，因此，提取和分析数据时将会用到必要的会计学理论和知识，以确定数据的恰当性和有效性，保障各变量及其之间关系的经济学和管理学意义。

实证分析离不开规范分析提供的理论框架作为支撑，因此本书需要使用相关产业组织理论、数理经济学、计量经济学、政治经济学、劳动经济学，以及管理学中的公司治理理论、委托—代理理论等，并借此说明行政垄断性行业混合所有制改革的产生机制和运行机制，为最终提出恰当的解决方案提供理论支撑和依据。

1. 一般文献分析与历史分析法

本书不但对国内外相关理论进行文献分析，而且对改革开放以来国家鼓励和支持行政垄断行业"混改"创新的政策、制度、法规以及取得的实际效果进行梳理和分析。

2. 比较分析法

本书不但对中国行政垄断行业与竞争性行业内部和外部的"混改"创新环境和效果进行平行和交叉对比分析，而且还将对成熟市场化国家的相关情况进行对比分析，以资借鉴和学习。

3. 抽样调查法

为获得行政垄断行业与竞争性行业相关的可靠数据资料，并进行比较分析，需要调查相关样本。当前，比较可靠的数据主要是行政垄断行业、竞争性行业代表性上市公司的法定公告数据，而截至 2015年 12 月底，中国境内 A 股、B 股上市公司及境外 H 股上市公司共达 3159 家，需要采用抽样调查的方法。

4. 定量分析与定性分析相结合的方法

本书通过定量分析法实现对行政垄断行业"混改"创新问题认识的进一步精确化，同时，运用归纳、演绎、分析、综合以及抽象与概括等定性分析方法，对获得的各种资料进行深度逻辑推理、加工，以便更加辩证地揭示其内在本质，厘清多重影响因素之间的关系。

5. 计量分析与指标体系分析相结合的方法

通过创建"混改"创新与行政垄断以及其他影响因素之间关系的计量模型，系统创建评价"混改"有效性的指标体系，为理论分析提供坚实的实证基础。

五　拟突破的重点和难点

（一）拟突破的重点

第一，测度行政垄断企业混合所有制股权结构与业绩的关系。

第二，测度行政垄断企业混合所有制股权制衡与绩效的关系。

第三，通过与竞争性行业相对比，重点剖析行政垄断和行政垄断行业对全社会创新与发展所起到的促进或阻碍作用。

第四，测度行政垄断企业混合所有制股权结构与创新能力的关系。

第五，测度混合所有制股权结构与内部收入差距的关系。

第六，以"混改的有效性"为标准，以推进"有效混改"为目标，量化设计科学的指标评价体系，以对"混改"的效果进行客观、合理的评价。

（二）拟攻克的难点

第一，以"混改的有效性"为标准，以推进"有效混改"为目标，量化设计经得起历史考验的"混改"指标评价体系。

第二，测度行政垄断企业混合所有制股权结构与创新能力的关系。

第三，深刻探讨"混改"后各所有制类型主体的"自洽性"与"生态适应性"问题。

六　主要创新点

本书的创新点主要有以下三个：

1. 所有制性质并不是影响创新能力大小的唯一因素

通过同一行业内部国有企业与私有企业创新能力的对比，发现国有企业的创新能力反而比私有企业高，这说明所有制属性未必是影响创新能力的唯一因素，与学界现有的多数研究结论相悖。该创新也为行政垄断行业混合所有制改革与创新能力关系的研究提供了前提依据，为进一步推进国有企业混合所有制改革提供了理论支撑。

2. 混合所有制改革并非"一混就灵"

2006—2015 年的混合所有制改革实证研究结果表明，非国有股权与企业绩效、创新之间并非完全正相关，这说明混合所有制改革并非一混就灵，进而说明，混合所有制改革仅仅是手段，是提高企业业绩、促进社会发展的手段，而不是目的——这意味着不能为了"混改"而进行"混改"。

3. 对混合所有制改革效果的评价需要综合而全面，不能片面

研究发现，使用不同的业绩评价指标对非国有股权的作用进行评

价，得出的结论有所不同，因此，评价混合所有制改革不能仅仅考虑财务指标，必须结合其他方面综合考量。

七　其他需要说明的重要问题

本书第五章选取了不属于行政垄断行业的中国汽车零部件及配件制造业，是为了论证所有权属性与创新能力之间并不存在必然的因果关系。

因为同一行政垄断行业内部尽管也存在国有企业和私有企业的划分，但是企业数目相对稀少，不便于获取到足够的面板数据，并对所有制属性与创新能力的关系进行实证研究。而在中国汽车零部件及配件制造业这一竞争性行业中，国有企业与私有企业数量相对较多，符合研究条件的上市公司共有 31 家。而且，使用 Malmquist Index 对比分析国有企业和私有企业上市公司的创新情况时，研究样本应属于同一行业，这样才能确保其生产函数的一致性、统一性。再加上上市公司一般都属于混合所有制企业，也符合本书研究的范围要求。

此外，本书还对当前学术研究中存在的非此即彼的静态单向循环逻辑、非此即彼的传统经济学"点理性"思维和判断研究模式进行了探讨，倡导使用审辩性思维模式研究经济社会现象，即在研究中多运用唯物主义辩证法。

第二章 行政垄断企业混合所有制改革与绩效

新常态下中国政府主导的"救市"行动，体现出其一贯直接干预经济的路径依赖，却与当下正积极展开的行政垄断行业混合所有制改革不期而遇，直接导致朝着混合所有制改革方向前进的国有股权结构发生逆向变化——中国 A 股上市公司 2015 年年报显示，电信业、石油开采业、铁路运输业、航空运输业和电力业 5 大行政垄断行业国有股权占比均比 2014 年上升了 1 个百分点左右。如此结果，是否说明非国有股权占比的逆向降低有利于企业绩效乃至整个国民经济的改善呢？那么，中国已经开展了的"混改"效果如何呢？学界鲜有在这方面针对行政垄断企业的研究。

本章第一部分是文献综述与研究假设；第二部分是研究设计与数据描述；第三部分是计量结果与分析；第四部分是结论与政策含义。

一 文献综述与研究假设

（一）股权结构与企业绩效的相关研究对象缺少行政垄断企业

Jensen M. C. 和 Meckling W. H.（1976）较早研究了股权结构与公司绩效的关系，但他强调的是内部人持股集中度与公司业绩的正相关关系。股权结构包括两层含义：一是股权集中度，二是股权构成。张红军（2000）将股权构成分解为三类：国家股、法人股和社会公众股。问题是，2005 年中国股权分置改革之后，这一分类方法显然已经不再适用，国家股或划归国务院国资委（地方各级国资委），或仍划归原隶属部委；法人股东不一定再特指该企业法人，而往往是其他具有法人性质的股东，其中既包含私有法人股东，也包含终极控制权为国家的法人股东（刘芍佳、孙霈、刘乃全，2003）；社会公众股（普通股）的概念也已经慢慢淡化，演化成自然人、私有法人股东等。而且，该股权构成分类存在的最大问题是法人股的性质在国有与非国有之间难以界定，从而影响检验效果（曹廷求、杨秀丽、孙宇光，2007）。

1. 混合所有制主体的股权集中度与公司绩效

既往多数研究一般认为国有股"一股独大"，也就是国有股权集中度过高是公司治理结构不完善、公司治理机制不健全的主要原因，其所滋生的弊端最终催生了后来的混合所有制改革深化。"混改"之后，国有股权集中度降低（也就是公司股权多元化加强）。这样的股权结构是否有利于各混合所有制主体之间的有效制衡呢？该问题假定各混合所有制主体对公司治理均有较强的关注和影响，而处于控股地位的国有股股东及其代理人根据公司章程必须回应国内私人股东和外资股股东的关切，并注重绩效水平的保持和提升。据此，本书提出以下假设：

H1：行政垄断企业混合所有制主体越是多元化，公司绩效就越好。

问题是，该假设是否仅仅是"混改"的设想呢？Grossman S. J. 和 Hart O. D.（1980）就考虑到"搭便车"行为的客观存在性，分散的股权会降低股东密切监督代理人的积极性。而 Pagano 和 Roell（1998）则认为分散的股权结构才是最优选择，其不但有利于股东之间共摊监督成本，而且有利于股东之间的制衡，从而降低控制权收益，提升公司绩效。

2. 混合所有制主体中的非国有股权占比与公司绩效

对于如何界定国有产权或者区分股权构成，刘芍佳、孙霈、刘乃全（2003）以终极产权论作为新的控股主体分类标准，对不同的控股类型进行了绩效筛选对比，据此，当前各所有制类型股东的股权构成，或称混合持股结构，也可划分为三类：第一类是国有股，如国资委（各级地方国资委）、财政部、铁道部等国家行政部门直接控股，在行政垄断行业中一般都是绝对控股，该类型并不以盈利为持股的唯一目的，多由历史变革形成。此外，其他最终控制权为国家的国有股（即国有法人）也计入第一类，但如"中国证券金融股份有限公司""中央汇金投资有限责任公司"，以及其他国有企业、全国社保基金等的持股，尽管其一般都是独立核算、独立经营、自负盈亏的企业，具有独立的法人主体地位和利益诉求，与国家股东相比，承担的社会职能却不可相提并论。第二类是国内私有股，如私有法人、自然人、银行理财产品、保险理财产品、信托理财产品等，其所有权属于位于中国大陆境内的私人（或私有法人）主体，以盈利为唯一目的。第三类是外资股，如香港（中央结算）代理人结算有限公司（海外股）、外国股东、外资法人（或私人）等，以盈利为唯一目的，并不承担稳定市场、救市等社会职能。很显然，由于第二类和第三类非国有股东在行政垄断行业所占比例较小，可能没有能力去监督经营管理人员，不可避免发生逆向选择行为，即"搭便车"行为必将存在。这意味着混合所有制改革所追求的以股权多元化来加强对公司治理的监管效果可能有限。据此，本书提出以下假设：

H2：行政垄断企业非国有股权占比与公司绩效弱相关。

（二）托宾 Q 比率（Tobin's Q）并不适合用来衡量行政垄断上市公司的市场价值

在市场经济这一前提条件下，托宾 Q 比率指的是某企业的市场价值与其重置成本的比率，往往被用来衡量该企业的投资价值。在现有文献中，张红军（2000），田利辉（2005），刘星、刘伟（2007），安烨、钟廷勇、朱欣悦（2011），马连福、王丽丽、张琦（2015）等均采用了这个指标。

问题是，"市场经济"这个前提假设在中国是否成立显然尚存争议，中国的证券市场环境更谈不上符合"市场经济"的标准。众所周知，由于行政垄断企业坐享政府权力赋予的垄断地位或者资源优势，理应承担业绩考核之外的社会责任或者政治责任，其产品（或者服务）的价格和产量一般都受到政府的直接干预，并不是市场供求均衡的结果，也就是说并不反映市场供求关系，这与混合所有制中民营股东的绩效目标相悖，其上市公司的股票交易价格也常常被政府相关部门用来调节市场波动，以避免或化解股市的系统性风险；在中国证券市场上，部分具有较强市场势力的机构投资者（投机者）为操纵市场牟利，经常拉抬或者打压行政垄断行业上市公司这类"大盘股"，借此配合股指期货的走势，实现牟利的目的，致使其股票的市场交易价格经常处于被操控状态，并不是公平市场竞争的均衡价格。因此，本书认为，托宾 Q 比率指标并不适用于本研究，甚至其他很多相关研究。这一观点得到了刘媛媛、黄卓、谢德逊、何小锋（2011）的支持，他们也认为该指标并不适合中国的相关研究，毕竟，中国上市公司的股票价格与其市场价值往往存在很大偏差，而且中国上市公司资产的重置价值也难以估算。同理，市净率 PE 指标也不适合用来衡量中国行政垄断行业上市公司的市场价值。

（三）对于股权构成应该混合到什么程度没有统一的认识

中国的混合所有制改革，想当然地将股权构成当成了外生变量，但是曹廷求、杨秀丽、孙宇光（2007）的研究却发现股权构成是内生的，这意味着学界对混合所有制改革的出发点缺乏应有的研究，对于应该混合到什么程度以及如何混合，更未达成一致的观点。

1. 单一私有化的观点

赵世勇、陈其广（2007）认为，只有将公有企业的产权转移到私人企业家手中，才能产生明显的效率提升。但是，汤谷良、戴璐（2006）通过对"武昌鱼"案例进行分析发现，重组之后的公司绩效进一步恶化，同时存在多个大股东并不一定能够带来公司治理的改善，这说明彻底民营化也存在着不可避免的问题，因为一些企业民营化的初衷并非提升公司本身的价值。显然，非此即彼的静态单向循环逻辑或称非此即彼的二元判断模式多数情况下类似"二愣子"的做派：否定此一元，独宠彼一元。问题是，新推出的那一元会遭遇何种境遇？干脆留待后人研究？显然，这并不符合辩证法。

2. 保持国有股权主导地位的观点

程恩富等（2015）认为以公有资本为主体的混合所有制经济是社会主义的必然要求，也就是说，中国的混合所有制应以公有制为主体。类似观点在 20 世纪 80 年代初曾占主流。

3. 主张部分民营化，但并未考虑私有化的综合成本和收益

欧瑞秋等（2014）假定产品差异化和生产规模递减或不变，通过不同竞争模式下的混合寡头模型分析认为，在国有企业领导模式下，国企保持100%国有是最优策略；而在同步决策模式下，部分民营化是国企的最优民营化策略；在国有企业跟随模式下，部分民营化是最优的，其均衡社会福利水平在三种竞争模式中最高。因此，他提出了国有企业从主导市场供应的领导者转变成补充市场供应的跟随者的建议。问题是，如何实现这一转变？转变的成本由谁承担？

（四）对混合所有制股权构成与绩效关系的判断各执一词

以绩效为评价标准，认为国有股权比重与企业绩效正相关的有刘媛媛等（2011）、孙永祥等（2011）、李永兵等（2015），等等；认为负相关的有张红军（2000），刘小玄等（2005），孙菊生等（2006），安烨、钟廷勇、朱欣悦（2011），张亚连等（2014），等等；认为不相关的有陈小悦等（2001），等等，相对较多；认为呈 U 形关系的有吴淑琨（2002）、田利辉（2005）。

刘小玄、李寿喜（2007）研究发现，混合股权企业的绩效显著高于单一股权企业，无论是国有混合股权、个人混合股权，还是外资混合股权，其效率都不同程度地高于单一股权的同类企业。其中，对于国有混合股权企业来说，国有股在 10%—50% 的区间内，尤其是 30% 左右时，企业效率相对最优。

田昆儒等（2015）对国有股权的最优比例进行了实证研究，发现国有参股不控股的混合所有制企业其国有股权比例优化区间为 5.01%—15.46%，且尽量接近 15.46%；国有相对控股的混合所有制企业的优化区间为 32.16%—43.86%，且尽量接近 32.16%；国有绝对控股的混合所有制企业其优化区间为 74.56%—100%。

张文魁（2015）认为所有权仅仅是影响公司业绩的诸多因素之

一，在实证研究中并没有发现混合所有制与非混合所有制企业在业绩上的显著优劣区别。马连福、王丽丽、张琦（2015）认为，简单的股权混合并不能改善公司的绩效表现，在完善的制度环境下，混合主体多样性才能体现出提升绩效的作用；混合主体深入性与公司绩效之间呈倒 U 形关系，当非国有股东持股比例处于 30%—40% 时，非国有性质股权提升绩效的作用最为显著。任力等（2014）也持此观点。

Black B.、R. Kraakman、A. Tarassova（1999）和张俊喜、张华（2004）等的研究却表明，民营企业的经营效率高于国有企业并不是因为其产权性质是私有制，而是比国有企业具有更完善、更高效的公司治理结构。

（五）对混合所有制改革效果的分析

现有分析混合所有制改革效果的文献一般从两个角度展开：一个是现实角度，对已经开展了"混改"和未开展"混改"的企业进行横向对比；另一个是历史角度，对现在已经进行了"混改"的企业进行纵向——"混改"前后对比。从这两个角度进行实证研究，都需要可供对比的参照物。问题是，本书研究的行政垄断行业缺乏横向对比的样本，因为绝大多数研究对象都已经开展了"混改"，未开展"混改"的同类型企业即使存在，其数据也难以可靠查询。同样地，历史角度的研究也会遇到这个问题：很多行政垄断性企业历经改制重组，资本主体变化较大，"混改"的数据难以全面搜集。刘小玄、李利英（2005）在研究企业产权变革时较早遇到了类似问题，他们根据混合所有制改革中产权变化的推进方向，利用现有某一特定时段的可查数据，对"混改"后的样本进行纵向业绩对比，认为如果"混改"后业绩有所提升，说明"混改"的效果得以实现。按照这种研究方法和分析方法，"混改"开始的"时点问题"就不再重要了，只需截取"混改"后企业业绩变化的方向，就可以此反推"混改"的效果，本书将借鉴这一做法。

二 研究设计与数据描述

(一) 基本模型

在市场经济条件下，股东偏重关注财务绩效，使用总资产收益率这一相对数指标；而在中国转轨经济条件下，市场经济地位至今没有得到主要发达国家承认，部分原因就是行政垄断国有企业承担了部分社会责任，这种情况下，投入产出效率更能代表企业业绩。因此，本书采用两种联合预测模型分别测度与验证上述研究假设。对于随之而来可能的解释变量之间的多重共线性和异方差性，提前做好检测，保证所有解释变量之间不存在严重的多重共线性和异方差性；而为了保证估计系数不存在严重的估计偏误，适当保留存在轻微共线性和异方差性的变量。

1. 财务绩效模型

参照张红军 (2000)，刘媛媛、黄卓、谢德逊、何小锋 (2011)，刘星、刘伟 (2007)，安烨、钟廷勇、朱欣悦 (2011)，李永兵等 (2015)，马连福、王丽丽、张琦 (2015) 等设计的模型，设定本书需要的研究模型：

$$Y = \alpha_0 + \alpha_i \sum_{i=1}^{n} X_i + \varepsilon \qquad (2-1)$$

其中，因变量 Y 是总资产收益率 (ROA)；X_i 分别是股权集中度、股权分散度、股权构成，以及控制变量公司规模、资产负债比、销售收入增长率、内部人控制率、员工数量、管理费用水平、管理效率等。变量具体设定见表 2-1。

2. 投入产出效率模型

基于柯布·道格拉斯生产函数 (Cobb - Douglas Production Function)，参照刘小玄、李利英 (2005) 的研究设计，扩展并建立本书的对数计量模型：

$$\ln Y = \alpha_0 + \alpha_1 \ln K + \alpha_2 \ln L + \alpha_i X_i + \varepsilon \qquad (2-2)$$

其中，因变量 Y 指的是营业收入；自变量 K 和 L 分别代表资本和劳动数量；X_i 指的是混合所有制解释变量，即股权集中度、股权分散度、股权构成，由于一般学者认为行政垄断行业没有技术进步[①]，本书样本中有 41 家公司（占全部样本的 61.19%）没有研发投入，或者全部样本在 77.61% 的年份没有研发投入，所以本方程假定不包含技术进步因素；ε 是残差项，代表没有被涵盖的影响因素。

（二）变量设计

基于前述相关经济理论和文献选取适合本书的变量，并合理地进行适当调整，以符合行政垄断行业的特点，其中，行政垄断因素本身产生的市场优势通过控制变量来体现。变量具体设定见表 2 - 1，其中需要特别说明的变量如下：

1. 因变量

根据财务常识和公司治理常识，混合所有制的状态更有可能会对下一期的经营产生影响，因此，在具体测算中，将对解释变量滞后一期，适用 $t-1$ 期的数据。

（1）ROA

采用总资产收益率（ROA）而不是净资产收益率，以全面评价混合所有制改革进程中的资源利用效益。

（2）产出——营业收入（Revenue）

使用营业收入作为产出指标。考虑到行政垄断行业确实承担了部分社会职能，仅靠 ROA 指标难以全面评判其产出贡献。

2. 自变量

（1）股权集中度（HHI）与股权分散度（Nindex）

股权集中度主要度量前十大股东的持股比例，学界一般采用赫芬达尔指数（Herfindahl - Hirschman Index，HHI）来衡量。另有部分学

---

① 学界比较一致的观点是行政垄断阻碍了技术创新。如周绍东（2008）认为行政性壁垒扭曲了企业的技术创新，降低了创新强度；严海宁、汪红梅（2009）认为行政垄断的保护使得国有企业获得了大量垄断利润，却严重地阻碍着我国企业技术创新水平的提升；余东华、王青（2009）认为行政垄断阻碍了区域自主创新能力的形成和发展；任保平（2010）认为过度竞争和行政垄断并存的市场结构严重制约了中国企业的技术创新。

者使用 *HHI* 的倒数 *N* 指数来衡量股权分散度，其值越大表示股权越分散。

表 2 – 1　　　　　　　　　　　变量设定一览表

变量符号		变量名称	计算方法
ROA		总资产收益率	净利润 ÷ [（期初总资产 + 期末总资产）÷ 2]
ln*Revenue*		营业收入	ln（营业收入）
HHI		股权集中度	前十大股东各自持股比例的平方和
Nindex		股权分散度	*HHI* 的倒数
State		国家股占比	前十大股东中国家股占比之和
CivilPrivate		国内私有股占比	前十大股东中国内私有股占比之和
Foreign		外资股占比	前十大股东中外资股占比之和
MixFP		非国有股占比	前十大股东中非国有股占比之和
MixFP^2		非国有股占比的平方	*MixFP* 的平方
控制变量	ln*size*	资产规模	ln[（期初总资产 + 期末总资产）÷ 2]
	ln*per*	员工数量	ln（全部在职员工总数）
	ln*R&D*	研发费用	ln（研发投入量）
	Leverage	资本结构	总负债 ÷ 总资产
	Growth	公司成长性	（本期营业收入 – 上期营业收入）÷ 上期营业收入
	Mshare	内部人控制率	高级管理层持股量 ÷ 总股本
	Board	董事会规模	董事会人数
	BoardInde	董事会独立性	独立董事 ÷ 董事会人数
	BoardVi	监事会规模	监事会人数
	ln*Mlevel*	人均管理费用水平	ln（管理费用 ÷ 员工总数）
	Meffi	管理效率	营业收入 ÷ 管理费用

（2）股权构成

由于行政垄断行业均由行政部门直接控制，也就是说国家是企业的终极产权控制人，本书将股权构成划分为国家股（*State*）、国内私有股（*CivilPrivate*）和外资股（*Foreign*）3 部分，同类型合并后记作各自所占总股本的比例，该数据主要采集自各公司前十大股东占比。

借助数据可得性，本书使用前十大股东中的非国有股东之和来全面衡量混合所有制的混合程度，或者说混合主体的深入性，即第 2 和第 3 类权重之和（*MixFP*），同时，根据混合所有制的混合效果这一研究目标，借鉴马连福、王丽丽、张琦（2015）的做法，在控制变量中加入 *MixFP* 的平方项 *MixFP*^{2}，以观察非国有股东对国有股东的制衡程度。

3. 控制变量

依据相关理论和研究成果，本书选取资产规模（*Size*）、员工数量（*Per*）、研发费用（*R&D*）、资本结构（*Leverage*）、公司成长性（*Growth*）、内部人控制率（*Mshare*）、董事会规模（*Board*）、董事会独立性（*BoardInde*）、监事会规模（*BoardVi*）、人均管理费用水平（*Mlevel*）、管理效率（*Meffi*）等控制变量，以恰当测度行政垄断上市公司的绩效。

（三）分行业统计描述

依据国民经济行业分类（GB/T 4754—2011）中 3 位数分类，整理得到 2006—2015 年电力、电信、石油、航空运输、铁路运输 5 个行政垄断行业 67 家 A 股上市公司共 670 个观测对象，总计 12730 个数据。需要注意的是：中国铁路运输业仅有 3 家上市公司，显然无论是其市场份额还是资产规模都不能有效代表整个中国铁路运输业，因此，其指标数据仅具参考性，尤其是股权结构指标并不能代表整个铁路运输业；其他 4 个行业的主要企业均已上市，因此其上市公司的总和或平均化指标一般都能代表整个行业。这里所有原始数据均使用 1978 年定基 GDP 平减指数进行了消胀处理，后文营业收入对比的是消胀后数据。

将所有研究样本整体进行相关变量的统计描述所得结果过于笼统，难以说明行业业绩变化与股权结构变化之间的关系。因此，为了更恰当地观察这一关系，本书将各行业内部企业的数据进行行业平均化，然后再进行统计对比分析（见表 2 - 2，附表 1—附表 5 是其完整版）。

1. 电信业股权结构变化不大，而 *ROA* 整体下降趋势明显，营业收入则在波动中攀升

将三大电信企业各项数据进行行业平均化，各项指标的统计描述如表 2 - 2 所示。

表 2 - 2　　　　　电信业 2006—2015 年行业业绩与股权结构变化

	变量	均值	标准差	最小值	最大值
绩效指标	ROA（%）	6.89	0.02	4.32	11.42
	$Revenue$（亿元）	146.47	6.67	136.16	159.01
股权结构指标	HHI（%）	57.08	0.00	56.79	57.66
	$Nindex$	1.88	0.02	1.84	1.91
	$State$（%）	73.06	0.00	72.69	73.78
	$CivilPrivate$（%）	1.19	0.00	0.54	1.83
	$Foreign$（%）	14.45	0.00	14.19	14.88
	$MixFP$（%）	15.64	0.00	15.12	16.28

根据表 2 - 2 数据可知，电信业 10 年间 ROA 最大值是 2007 年的 11.42%，最小值是 2015 年的 4.32%；平均化营业收入的最大值是 2013 年的 159.01 亿元，最小值是 2007 年的 136.16 亿元；其他表征股权结构的指标如 HHI、$Nindex$、$State$、$CivilPrivate$、$Foreign$、$MixFP$ 等的标准差很小，最大仅有 0.02，最小是 0.00，说明变化很微弱。值得注意的是，外资股权比重均值为 14.45%，主要是香港上市部分外资股权。

平均化营业收入（消胀后）作为另一项业绩指标，10 年间呈现出在波动中攀升的趋势，最小值是 2007 年的 136.16 亿元，最大值是 2013 年的 159.01 亿元，均值是 146.47 亿元。

为进一步表明行业业绩与股权结构变化之间的关系，使用两轴折线图对比 ROA 与 HHI，以及 ROA 与非国有化程度（$MixFP$），具体如图 2 - 1 所示。

由图 2 - 1 可知，在 2006—2015 年的 10 年间，衡量行业业绩的总资产收益率在 2006—2007 年曾经小幅上升，从 8.14% 上升到 11.42%；而 2007 年之后，则从 11.42% 逐年平缓下降至 2015 年的 4.32%，整体趋势是下降的，降幅较大，达到 7 个百分点。

对比股权结构情况我们发现，股权集中度指标（HHI）变化并不大，最大值是 2013 年时的 57.66%，最小值是 56.79%，这意味着股权集中度并没有可观测的明显变化，因此，其倒数股权分散度（N 指数）相应变化也不大，介于 1. 84 和 1. 91 之间，均值为 1. 88。

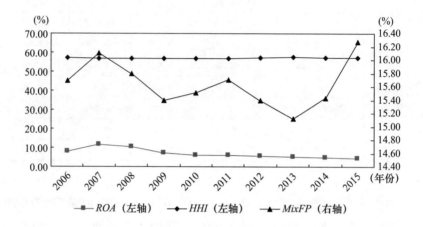

图 2 - 1　电信业行业业绩与股权结构变化对比

股权构成指标无论是国有股权比重（*State*）、国内私有股权比重（*CivilPrivate*）、外资股权比重（*Foreign*），还是非国有股权比重（*MixFP*）的变化幅度均为 1% 左右，这意味着股权构成的整体变化也比较小。值得注意的是，非国有股权比重（*MixFP*）也就是私有化率在 2013—2015 年连续上升了 1. 16 个百分点，对应着国有股权比重的下降趋势。考虑到作为行政垄断行业的电信业股本规模庞大，较小的股权构成变化就对应着较大的股本数额变动。

2. 石油开采业股权集中度有下降趋势，*ROA* 下滑趋势显著，而营业收入波动剧烈

将 2 家石油企业各项数据进行行业平均化，各项指标的统计描述如表 2 - 3 所示。

根据表 2 - 3 数据可知，石油开采业 10 年间 *ROA* 最大值是 2006 年的 13. 20%，最小值是 2015 年的 2. 35%；平均化营业收入的最大值是 2012 年的 1019. 06 亿元，最小值是 2009 年的 631. 26 亿元；其他表征股权结构的指标如 *HHI*、*Nindex*、*State*、*CivilPrivate*、*Foreign*、

MixFP 等的标准差较小，最大仅有 0.03，最小是 0.00，说明变化很小。值得注意的是，外资股权比重均值为 15.51%，主要也是香港上市部分外资股权。

表 2 - 3　石油开采业 2006—2015 年行业业绩与股权结构变化

	变量	均值	标准差	最小值	最大值
绩效指标	*ROA*（%）	7.41	0.03	2.35	13.20
	Revenue（亿元）	801.74	160.07	631.26	1019.06
股权结构指标	*HHI*（%）	68.25	0.01	65.69	70.22
	Nindex	1.49	0.03	1.45	1.56
	State（%）	81.24	0.01	80.10	82.36
	CivilPrivate（%）	0.28	0.00	0.11	0.39
	Foreign（%）	15.51	0.01	14.98	16.30
	MixFP（%）	15.78	0.00	15.33	16.45

该行业平均化营业收入（消胀后）10 年间波动剧烈，2006—2008 年稳步上升，2009—2015 年呈现倒 U 形趋势变化，2015 年的 645.57 亿元接近 2009 年的产出，而最小值就是 2009 年的 631.26 亿元，最大值是 2012 年的 1019.06 亿元，均值是 801.74 亿元。

同样，使用图 2 - 2 进一步表明行业业绩与股权结构变化之间的关系。

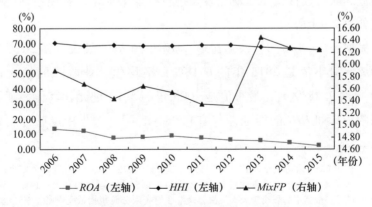

图 2 - 2　石油开采业行业业绩与股权结构变化对比

根据图 2 - 2 可知，该行业总资产收益率在 2006—2015 年的 10 年间，从 2006 年的 13. 20% 逐年平缓下降至 2015 年的 2. 35%，整体趋势是下降的，降幅很大，达到 11 个百分点。

对比股权结构情况，我们发现股权集中度指标（*HHI*）变化并不大，最大值是 2006 年的 70. 22%，最小值是 2015 年的 65. 69%，整体呈下降趋势；相应股权分散度（*N* 指数）也没有明显变化，变化区间为 1. 45—1. 56，均值为 1. 49。

股权构成指标无论是国有股权比重（*State*）、国内私有股权比重（*CivilPrivate*）、外资股权比重（*Foreign*），还是非国有股权比重（*MixFP*）的变化幅度均为 2% 左右，这意味着股权构成的整体变化也比较小，外资股权平均占比 15. 51%，相对稳定。但是，非国有股权比重（*MixFP*）在 2012 年之后有明显上升趋势，对应着国有股权比重的下降趋势。

3. 铁路运输业（3 家）股权集中度有下降趋势，*ROA* 也呈缓慢下滑趋势，而营业收入则由迅速发展转变为匀速发展

根据中国铁路总公司官网的介绍①，中国铁路总公司并没有进行混合所有制改革，仍是"国有独资企业"。但是，该行业中已经上市的企业却已经进行了混合所有制改革，"混改"的效果及其影响等情况可以采用已经上市企业的数据来说明。将大秦铁路、广深铁路、铁龙物流 3 家代表性铁路运输业公司进行行业平均化，各项指标的统计描述如表 2 - 4 所示。

根据表 2 - 4 可知，铁路运输业 10 年间 *ROA* 最大值是 2011 年的 9. 89%，最小值是 2015 年的 6. 18%；平均化营业收入的最大值是 2010 年的 9. 28 亿元，最小值是 2006 年的 5. 12 亿元；其他表征股权结构的指标如 *HHI* 的标准差仅有 0. 03，表明股权集中度整体变化不

① 中国铁路总公司简介：中国铁路总公司（简称"中国铁路"）是经国务院批准、依据《中华人民共和国全民所有制工业企业法》设立、由中央管理的国有独资企业，注册资金 10360 亿元。根据十二届全国人大一次会议批准的《国务院机构改革和职能转变方案》，实行铁路政企分开，组建中国铁路总公司。2013 年 3 月 14 日，中国铁路总公司正式成立。参见 http://www. china - railway. com. cn/zgsgk/gsjj/200303/t20030323_ 41984. html。

大；*Nindex* 的标准差是 0.47，表明股权分散度略有变化；而 *State*、
CivilPrivate、*Foreign*、*MixFP* 等的标准差较小，最大仅有 0.02，最小
是 0.01，说明变化很小。

表 2 - 4　　铁路运输业 2006—2015 年行业业绩与股权结构变化

	变量	均值	标准差	最小值	最大值
绩效指标	*ROA*（%）	8.48	0.01	6.18	9.89
	Revenue（亿元）	8.13	1.35	5.12	9.28
股权结构 指标	*HHI*（%）	22.43	0.03	19.98	26.53
	Nindex	9.56	0.47	8.28	9.90
	State（%）	48.17	0.02	44.93	51.46
	CivilPrivate（%）	4.61	0.01	3.17	7.03
	Foreign（%）	7.30	0.01	6.50	8.79
	MixFP（%）	11.91	0.01	9.88	14.17

　　该行业平均化营业收入（消胀后）10 年间呈上升态势，2006—
2007 年大幅上涨 37.26%，2008 年之后稳步上升，最小值是 2006 年
的 5.12 亿元，最大值是 2010 年的 9.28 亿元，均值是 8.13 亿元。
　　同样，使用图 2 - 3 进一步表明行业业绩与股权结构变化之间的
关系。

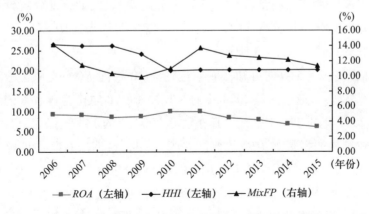

图 2 - 3　铁路运输业行业业绩与股权结构变化对比

根据图 2 – 3 可知，该行业总资产收益率在 2006—2015 年的 10 年间整体趋势是下降的，与非国有化比率（*MixFP*）具有类似的走势，2009—2011 年，二者都呈上升趋势；2012—2015 年，二者都呈下降趋势。

对比股权结构情况，我们发现股权集中度指标（*HHI*）整体呈下降趋势；2006—2010 年下降较快，2010 年之后稳定在 20% 左右，最大值是 2006 年的 26.53%，最小值是 2010 年的 19.98%，下降幅度超过 6 个百分点；其倒数股权分散度（*N* 指数）略有变化，变化区间为 8.28—9.90，均值为 9.56。

股权构成指标中的国有股权比重（*State*）发生了实质性显著改变：在 2009 年之前是绝对控股，在 2010 年之后已经下降至相对控股，整体趋势是下降的，变动幅度达到 7 个百分点；外资股权比重（*Foreign*）平均占比 7.30%；非国有股权比重（*MixFP*）的变化幅度为 4 个百分点，尤其是 2009—2011 年，所占比例上升比较明显，但在 2011 年之后呈现下降趋势。

4. 航空运输业股权集中度明显下降，股权构成进一步多元化，而 *ROA* 保持整体稳定，营业收入则在下跌回升后实现平稳发展

依据国民经济行业分类（GB/T 4754—2011）中 3 位数分类，机场属于"航空运输辅助活动"，而"四大航空公司"和"中信海直、外运发展"两家公司都属于"航空客货运输"，因此，此处统计描述仅限这 6 家公司相关指标的平均化，不包含机场类上市公司。各项指标的统计描述如表 2 – 5 所示。

根据表 2 – 5 数据可知，航空运输业 10 年间 *ROA* 最大值是 2010 年的 6.37%，最小值是 2008 年的 – 3.83%；平均化营业收入的最大值是 2011 年的 22.41 亿元，最小值是 2009 年的 14.73 亿元；其他表征股权结构的指标如 *HHI* 的标准差为 0.04，说明股权集中度整体略有变化；*Nindex* 的标准差为 0.8，说明股权分散度有所增强；而 *State*、*CivilPrivate*、*Foreign*、*MixFP* 等的标准差也小，最大仅有 0.02，最小是 0.01，说明变化很小。

表 2 - 5　　　航空运输业 2006—2015 年行业业绩与股权结构变化

	变量	均值	标准差	最小值	最大值
绩效指标	ROA（%）	3.40	0.03	-3.83	6.37
	Revenue（亿元）	19.37	2.48	14.73	22.41
股权结构指标	HHI（%）	27.16	0.04	22.57	32.03
	Nindex	4.21	0.80	3.37	5.26
	State（%）	55.94	0.02	52.88	58.73
	CivilPrivate（%）	4.29	0.01	1.65	6.25
	Foreign（%）	14.94	0.01	13.78	16.23
	MixFP（%）	19.23	0.01	16.45	20.76

该行业平均化营业收入（消胀后）10 年间先下跌后回升，2006—2009 年平稳下降，2010 年之后回升至平稳态势，最小值是 2009 年的 14.73 亿元，最大值是 2011 年的 22.41 亿元，均值是 19.37 亿元。

同样，使用图 2 - 4 进一步表明行业业绩与股权结构变化之间的关系。

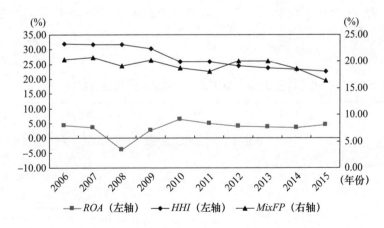

图 2 - 4　航空运输业行业业绩与股权结构变化对比

由图 2 - 4 可知，该行业总资产收益率在 2006—2015 年的 10 年间整体趋势比较稳定，仅在 2008 年美国金融危机爆发时期出现了巨额亏损，之后恢复正常。

对比股权结构情况，我们发现股权集中度指标（HHI）整体呈明显下降趋势，最大值是 2006 年的 32.03%，最小值是 2015 年的 22.57%，下降幅度接近 10 个百分点；其倒数股权分散度（N 指数）变化较大，变化区间为 3.37—5.26，均值为 4.21。

股权构成指标中的国有股权比重（State）整体趋势是下降的，变动幅度为 5 个百分点；外资股权比重（Foreign）平均占比 14.94%，主要是香港上市部分外资股权；非国有股权比重（MixFP）的变化幅度为 4 个百分点，整体所占比例是下降的。值得关注的是，国有股权比重与非国有股权比重同时呈现下降趋势，这一"矛盾"现象源自本书研究的股权构成仅是对前十大股东进行的分类对比，相对于该行业全部股东而言，就有可能出现两者双双下降的"反常"情况，这说明前十大股东之外的股东股权总体占比上升了，也就是整体股权分散度明显提升了。

5. 电力行业股权结构变化较小，ROA 在下跌后平稳回升，而营业收入则在稳步上升后出现下降

将 49 家代表性电力上市公司的各项指标进行行业平均化，统计描述如表 2 - 6 所示。

表 2 - 6　　　电力行业 2006—2015 年行业业绩与股权结构变化

	变量	均值	标准差	最小值	最大值
绩效指标	ROA（%）	2.83	0.02	-0.60	6.72
	Revenue（亿元）	4.22	0.80	2.98	5.10
股权结构指标	HHI（%）	20.47	0.01	19.29	21.29
	Nindex	8.56	0.22	8.07	8.94
	State（%）	51.64	0.01	51.08	53.07
	CivilPrivate（%）	5.70	0.01	4.32	7.16
	Foreign（%）	1.82	0.00	1.60	1.92
	MixFP（%）	7.53	0.01	5.91	9.05

由表 2 - 6 可知，电力业 10 年间 *ROA* 最大值是 2006 年的 6. 72%，最小值是 2008 年的 - 0. 60%，均值为 2. 83%；平均化营业收入的最大值是 2011 年的 5. 1 亿元，最小值是 2006 年的 2. 98 亿元，均值为 4. 22 亿元；其他表征股权结构的指标如 *HHI* 的标准差为 0. 01，说明股权集中度整体变化很小；*Nindex* 的标准差为 0. 22，说明股权分散度有所增大；而 *State*、*CivilPrivate*、*Foreign*、*MixFP* 等的标准差也较小，最大仅有 0. 01，最小是 0. 00，说明变化很小。

该行业平均化营业收入（消胀后）前 6 年整体平稳上升，2012 年开始下降，最小值是 2006 年的 2. 98 亿元，最大值是 2011 年的 5. 10 亿元，均值是 4. 22 亿元。值得注意的是，2015 年该行业营业收入明显下降，但是 *ROA* 却上涨了 1. 14 个百分点，这是由于构成主要营业成本的煤炭价格大幅下跌，总资产收益率上升所致。

同样，使用图 2 - 5 进一步表明行业业绩与股权结构变化之间的关系。

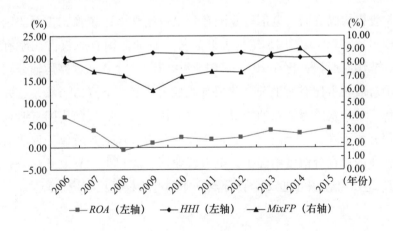

图 2 - 5　电力行业业绩与股权结构变化对比

可图 2 - 5 可知，该行业总资产收益率在 2006—2015 年的 10 年间起伏波动较大，2006—2008 年，从 6. 72% 下降到 - 0. 60%，这与当时中国经济过热，煤炭等基础能源价格大幅上升有关，但 2008 年美国金融危机爆发之后逐步恢复正常，2008—2015 年由 – 0.60% 升高至 4.25%，这是由近年来煤炭价格大幅下降，该行业运营成本大幅下降所致，收益率也就呈现出逐年升高的趋势。

对比股权结构情况，我们发现股权集中度指标（*HHI*）整体相对稳定，最大值是 2009 年的 21.29%，最小值是 2006 年的 19.29%，均值为 20.47%，表明该行业是国有股权相对控股；其倒数股权分散度（*N* 指数）变化也不大，变化区间为 8.07—8.94，均值为 8.56。

股权构成指标中的国有股权比重（*State*）整体趋势比较稳定，变动幅度不足 2 个百分点，2015 年上升了 1.8 个百分点；外资股权比重（*Foreign*）平均占比 1.82%；非国有股权比重（*MixFP*）的变化幅度超过 3 个百分点，整体占比略有波动，2015 年降低了 1.83 个百分点。

6. 股权结构的直观变化

基于前十大股东数据，股权集中度方面，电信和石油业稳中有降，铁路运输 3 家上市公司和航空运输业下降幅度较大，电力行业则保持平稳。

股权构成方面，电信行业国有股权占比整体比较稳定，而非国有股权占比在 2013—2015 年呈上升态势；石油业国有股权占比略有下降，非国有股权占比在 2013—2015 年略有上升；3 家铁路运输公司平均国有股权占比有所上升，非国有股权占比有所下降，当然，这并不能代表整个铁路运输业的情况；航空运输业国有股权和非国有股权占比都有所下降，这是前十大股东之外的股份占比上升所致，说明航空运输业的股权分散度增强了；电力行业国有股权占比有上升趋势，尤其是 2015 年上升了近 2 个百分点，非国有股权占比相应下降。

三　计量结果与分析

（一）财务绩效模型

根据模型（2 – 1）所用变量，使用本书所采集的面板数据，利用 Stata13 软件进行检验。经过 Hausman 检验，该模型拒绝原假设，适合于固定效应模型；经过 Xttest3 检验，存在异方差；经过 Xtserial 检验，存在轻微一阶自相关。因此，该模型改用广义最小二乘法（FGLS）处理异方差性和自相关性。测算结果如表 2 - 7 和表 2 - 8 所示。

表 2 - 7　　　　　　　　　　ROA 与当期股权结构变化关系

变量	方程 1	方程 2	方程 3	方程 4	方程 5	方程 6
HHI	- 0. 139		- 0. 136		- 0. 131	
n		0. 005		0. 004		0. 004
State	0. 277 **	0. 192 **	0. 264 **	0. 167 *	0. 267 **	0. 186 **
CivilPrivate	0. 197	0. 176				
Foreign	- 0. 392	- 0. 343				
MixFP			0. 061	0. 033	0. 357	0. 427
MixFP^2					- 1. 558	- 2. 119
lnSize	- 0. 040 ***	- 0. 036 ***	- 0. 037 ***	- 0. 033 ***	- 0. 036 ***	- 0. 032 ***
lnPer	0. 038 **	0. 031 **	0. 027 **	0. 021 **	0. 025 **	0. 019 **
Leverage	0. 013 **	0. 015 **	0. 011	0. 012 *	0. 011	0. 012 *
Growth	- 0. 009	- 0. 001	- 0. 007	0. 001	- 0. 005	0. 003
Mshare	- 38. 687	- 33. 31	- 69. 513	- 56. 828	- 90. 125	- 88. 011
Board	- 0. 004	- 0. 005	- 0. 005	- 0. 006	- 0. 005	- 0. 006
BoardInde	- 0. 400 ***	- 0. 370 ***	- 0. 345 ***	- 0. 322 ***	- 0. 344 ***	- 0. 315 ***
BoardVi	0. 011	0. 011	0. 011	0. 011	0. 011	0. 011
lnMlevel	0. 066 **	0. 050 **	0. 053 **	0. 038 **	0. 052 **	0. 039 **
Meffi	0. 001 **	0. 001 *	0. 001 *	0. 001 *	0. 001 *	0. 001 *
_ cons	0. 250 **	0. 216 *	0. 292 ***	0. 262 **	0. 284 ***	0. 249 **
N	670	670	670	670	670	670

注：*代表 p < 0. 1；**代表 p < 0. 05；***代表 p < 0. 01。

表 2 – 8   ROA 与滞后 1 阶股权结构变化关系

变量	方程1	方程2	方程3	方程4	方程5	方程6
L1. HHI	- 0.156		- 0.146		- 0.045	
L1. n		0.000		0.001		0.000
L1. State	0.136	0.009	0.128	0.043	0.063	0.037
L1. CivilPrivate	0.273 **	0.232 *				
L1. Foreign	- 0.256	- 0.128				
L1. MixFP			0.084	0.041	0.347	0.326
L1. MixFP^2					- 1.219	- 1.16
L1. lnSize	- 0.024 *	- 0.044 **	- 0.017	- 0.045 **	- 0.046 **	- 0.045 **
L1. lnPer	0.058 ***	0.089 ***	0.047 **	0.091 ***	0.090 ***	0.088 ***
L1. Leverage	0.003	0.034	0.038	0.013	0.018	0.016
L1. Growth	- 0.002	- 0.019	0.005	- 0.018	- 0.017	- 0.015
L1. Mshare	- 170.382	22.625	- 113.705	23.442	20.222	21.363
L1. Board	- 0.007	0.000	- 0.013 **	- 0.003	- 0.001	- 0.001
L1. BoardInde	- 0.160	- 0.219 *	- 0.135	- 0.197 *	- 0.226 *	- 0.228 *
L1. BoardVi	- 0.004	- 0.005	- 0.002	- 0.007	- 0.006	- 0.007
L1. lnMlevel	0.081 ***	0.067 ***	0.057 **	0.067 ***	0.068 ***	0.066 ***
L1. Meffi	0.000	0.003 ***	0.000	0.003 ***	0.003 ***	0.003 ***
_ cons	0.078	- 0.064	0.088	- 0.057	- 0.044	- 0.039
N	603	603	603	603	603	603

注：*代表 $p < 0.1$；**代表 $p < 0.05$；***代表 $p < 0.01$。

根据上述计量结果，可见：

1. 股权集中度和股权分散度与企业财务绩效之间不存在显著相关关系

在上述 6 个方程中，无论是否滞后一阶检验，垄断企业股权集中度和股权分散度与其财务绩效都不具有显著相关关系，这意味着，处于垄断地位的企业的内部股权无所谓集中或者分散，关键是其处于垄断地位。

2. 国有股权仅与当期而国内私有股权仅与滞后一期公司财务绩效关系显著，外资股权则都不显著

根据表 2-7 中方程 1—方程 6 可见，国有股权与 ROA 在 p 值为 0.05 的水平上显著相关，而私有股权和外资股权则与之不显著相关。进一步考察衡量混合主体深入性的非国有股权及其占比的平方，发现二者也不显著相关。这意味着影响 ROA 的是国有股权，而不是混合所有制改革之后非国有股权的加入和占比的增加，换言之，非国有股权仅仅是"搭便车"，借助于国有企业的垄断地位获取相应利益，因此，这种混合所有制改革并不能改善企业业绩，目前仅仅使非国有股东获得了利益，这显然与混合所有制改革的出发点和目的不一致。

但是，将解释变量滞后一期，表 2-8 中方程 1 和方程 2 表明，国内私有股权与公司财务绩效存在较为显著的相关性，但是国有股权和外资股权与之的关系均不显著。进一步，非国有股权及其占比平方与之的相关性也不显著。这意味着私人股权将影响下一期财务绩效，其他股权形式对下一期财务绩效则没有显著影响。

3. 董事会独立性、资产规模与企业业绩显著负相关，而员工数量、资产负债率、管理费用水平和管理效率与之显著正相关

从董事会独立性指标 BoardVi 来看，其当期比滞后一期对财务绩效的影响更为显著，但是其系数是负值，说明二者负相关，也就是说董事会越独立，企业业绩越差。这说明独立董事追求的目标与企业追求的目标存在不一致的可能性。

资产规模与企业业绩也是负相关关系，而且当期在 p 值为 0.01 的水平上显著，滞后一期在 p 值为 0.1 或者 0.05 的水平上显著。这说明，垄断企业较大的资产规模成为影响当期和下一期财务绩效水平的障碍，追求较大的规模不是企业的最优选择。

员工数量、资产负债率、管理费用水平和管理效率 4 个变量也都是直接影响财务业绩的主要因素，尤其是在国有垄断企业。

4. 公司成长性、内部人控制率、董事会规模和监事会规模与 *ROA* 的关系均不显著

管理学一般认为公司成长性是公司业绩可持续的保障，但是，公司成长性指标，也就是营业收入增长率并未考虑成本因素，在这个角度上，它与资产收益率的关系就有可能不显著。监事会的作用是防止董事会、经理滥用职权，损害公司和股东利益，与企业业绩变化关系不大。本书发现董事会和内部人持股率均与财务业绩关系不显著，这可能是由于这两个变量均受到政府要求其承担社会责任的影响。

（二）投入产出效率模型

同样，首先对模型（2-2）进行 Hausman 检验，结果同样拒绝原假设，选择固定效应模型。经过 Xttest3 检验，存在异方差；经过 Xtserial 检验，存在一阶自相关。因此，该模型也改用广义最小二乘法（FGLS）处理异方差性和自相关性问题。测算结果如表2-9和表2-10所示。

表2-9　　　　　　　投入产出绩效指标与当期股权结构变化关系

变量	方程1	方程2	方程3	方程4	方程5	方程6	方程7	方程8
HHI	0.443	0.649	0.604					
n				0.006	0.004	0.000		
State	1.120 **	0.998 *	0.956 *	1.587 ***	1.521 ***	1.382 ***	1.501 ***	1.428 ***
CivilPrivate	0.650			0.418				
Foreign	4.015 ***			4.104 ***				
MixFP		1.941 **	−0.711		1.812 **	−0.769	1.981 ***	−0.874
MixFP^2			11.075			11.098		11.973
lnSize	0.584 ***	0.634 ***	0.639 ***	0.566 ***	0.625 ***	0.639 ***	0.637 ***	0.644 ***
lnPer	0.125 ***	0.155 ***	0.145 ***	0.140 ***	0.170 ***	0.158 ***	0.168 ***	0.155 ***
_ cons	1.594 **	0.833	0.997	1.492 **	0.675	0.805	0.569	0.737
N	670	670	670	670	670	670	670	670

注：* 代表 p < 0.1；* * 代表 p < 0.05；* * * 代表 p < 0.01。

表 2 – 10　　　投入产出绩效指标与滞后 1 阶股权结构变化关系

变量	方程 1	方程 2	方程 3	方程 4	方程 5	方程 6	方程 7	方程 8
$L1. HHI$	– 0. 618	– 0. 923	– 1. 304					
$L1. n$				– 0. 005	– 0. 011	0. 005		
$L1. State$	2. 342 ***	2. 491 ***	3. 342 ***	1. 784 **	0. 929	2. 344 ***	1. 232 **	1. 385 ***
$L1. CivilPrirate$	2. 438 **				2. 692 ***			
$L1. Foreign$	2. 069 ***				2. 203 ***			
$L1. MixFP$		2. 060 ***	5. 552 ***			1. 312 **	5. 114 ***	1. 332 **	3. 035 *
$L1. MixFP^2$			–10. 894 **			– 9. 255 *		– 5. 284
$L1. lnSize$	0. 473 ***	0. 549 ***	0. 513 ***	0. 490 ***	0. 537 ***	0. 539 ***	0. 524 ***	0. 531 ***
$L1. lnPer$	0. 215 ***	0. 212 ***	0. 215 ***	0. 222 ***	0. 219 ***	0. 252 ***	0. 222 ***	0. 232 ***
_ cons	1. 654 *	0. 808	0. 672	1. 624 *	1. 659 *	0. 343	1. 503	1. 215
N	603	603	603	603	603	603	603	603

注：*代表 $p < 0.1$；**代表 $p < 0.05$；***代表 $p < 0.01$。

根据上述计量结果，可见：

1. 股权集中度和股权分散度与公司产出（营业收入）的关系均不显著

在上述 8 个方程中，经过当期和滞后一阶检验，发现垄断企业股权集中度和股权分散度与营业收入不具有显著相关性，这意味着，对于垄断企业的投入产出效率而言，其内部股权无所谓集中或者分散。

2. 国有股权和外资股权在当期和滞后一期均与公司产出关系显著，而国内私有股权仅与滞后一期公司产出关系显著

根据表 2 – 9 和表 2 – 10 中方程 1—方程 6 可见，国有股权与公司产出的关系仅在滞后一期的方程 5 中出现了不显著；私有股权与公司产出仅在当期关系不显著，滞后一期则关系显著；外资股权与公司产出关系均显著；当把国内私有股权和外资股权合并为非国有股权的时候，我们发现非国有股权与公司产出关系均显著，显然这主要是源于外资股权的影响。

当进一步研究非国有股权（$MixFP$）的深入性时，我们发现非国有股权占比的平方（$MixFP^2$）并不影响当期公司产出，但是在滞后一

期的方程 3 和方程 6 中，$MixFP$ 和 $MixFP^2$ 均通过了显著性检验，而且，前者系数符号为正，后者系数符号为负，而方程 8 中 $MixFP$ 通过了检验，$MixFP^2$ 没有通过检验。这表明 $MixFP$ 与滞后一期的公司产出之间可能存在非线性关系，也就是马连福等（2015）所提及的倒 U 形关系，这意味着非国有化占比并非越高越有利于公司产出业绩的提升，超过一定点之后可能抑制公司产出的提升，甚至导致产出下降。

总体来看，影响公司产出的主要因素在国有股权之外增加了外资股权，而国内私有股权影响的是下一期而不是当期产出。

3. 与公司产出关系显著的还有资产规模和员工数量这两个生产函数的主要变量

当期和滞后一期 8 个方程的测算结果表明，资产规模和员工数量均在 p 值为 0.01 的水平上显著。

（三）假设验证

H1：行政垄断企业混合所有制主体越是多元化，公司绩效就越好。

上述两个模型的计量结果表明，公司股权集中度或股权多元化程度与公司绩效均不具有显著性相关关系，H1 不成立。

H2：行政垄断企业非国有股权占比与公司绩效弱相关。

使用 ROA 作为绩效指标时，无论是在当期还是滞后一期，非国有股权与之的相关性均不显著。值得注意的是，从非国有股权中去掉外资股权后，国内私有股权在滞后一期时与之的相关性较为显著，在当期则不显著。因此，H2 得证。

但是，当使用营业收入作为绩效指标时，本书得到了相反的结论：非国有股权尤其是外资股权与之相关性显著，特别是在滞后一期时，显著性更为普遍和明显。而且，国内私有股权在滞后一期时与之的相关性显著，而在当期却不显著。因此，H2 无法得证。

上述互相矛盾的结论说明，非国有股东对公司财务绩效并无影响，而对公司产出业绩有着显著的影响。其中，国内私有股东对当期公司两种绩效都没什么影响，但对滞后一期的公司绩效有显著影响。

四　结论与政策含义

（一）国有股权与公司财务绩效的关系

整体而言，2006—2015 年 10 年间，电信和石油开采 2 个行业的 ROA 均呈下降趋势，其国有股权占比都维持在 70% 以上。航空运输业除 2008 年受到经济危机的较大影响之外，其他年份业绩平稳，其国有股权占比均值为 55.94%，属于绝对控股；电力行业 2008 年也受到经济危机的较大影响，但之后稳步回升，其国有股权占比维持在 51% 以上，均值为 51.64%，也属于绝对控股。直观来看，前两个行业国有股权占比较高，业绩呈现下降趋势，尤其是在 2008 年经济危机之后，下降趋势更为明显；而后两者国有股权占比相对较低，但仍属于绝对控股，业绩有所波动，但 2008 年经济危机之后，均已回升至正常水平。

其蕴含的政策含义是：应继续深化混合所有制改革，在保持行政垄断行业国有股权绝对控股的前提下，适度降低国有股权比重，继续增加非国有股权占比，以对国有股权形成监督、督促和制衡，更有利于企业绩效的保持和提升。

（二）股权结构与公司绩效变化的深层次探讨

本书使用两种绩效衡量指标，发现混合所有制改革导致的股权集中度（股权分散度）变化对企业绩效没什么影响；而其导致的股权构成变化对企业绩效的影响则较为复杂：外资股权与企业财务绩效弱相关，而与产出强相关，说明它们对资源成本的节约影响有限，而对于生产效率有较强影响；国内私有股权占比的适度增加有利于公司未来业绩的保持和提升。

1. 股权集中度（或其倒数股权分散度）与公司绩效之间没有显著相关关系

无论是在当前期还是滞后一期，行政垄断行业的股权集中度（股权分散度）对行业业绩均没有显著影响。

2. 国有股权仅影响当期公司财务绩效，而国内私有股权仅对滞后一期公司财务绩效有显著影响，外资股权则对财务绩效没有显著影响

使用 ROA 作为绩效指标的计量结果表明：国有股权对当期公司业绩有显著影响，非国有股权则对其没有显著影响。在滞后一期，国有股权和外资股权与公司业绩的关系均不显著，表明这两种类型的股权对长远绩效影响有限；非国有股权中的国内私有股权对公司滞后一阶业绩有着显著影响，表明其更重视分享该类型公司长远的绩效。

3. 国有股权和外资股权均与公司产出关系显著，而国内私有股权仅与滞后一期公司产出关系显著

使用营业收入作为公司绩效指标的计量测算表明：国有股权和外资股权均关注公司的投入产出效率，而国内私有股权仅与滞后一期的产出关系显著。非国有股权总体上对公司产出有显著影响，其占比与公司滞后一期产出呈现倒 U 形关系。

4. 政策含义

上述研究表明，行政垄断型企业表面化、简单化的股权结构多元化或者国有股占比的降低并不一定就能实现"混改"的政策目标，公司治理结构的改善和治理效能的提升才是关键。张文魁（2015），王甄、胡军（2016）等的研究也一再证实了这一判断。

第一，股权集中度或股权分散度并不是混合所有制改革追求的目标，仅是过程、手段。

第二，对于行政垄断企业混合所有制改革效果的绩效评价应综合考量，既要有利于控制成本，节约资源，提升财务绩效，也应增加产出，增进社会福利。

第三，应正确对待国有股权对于企业业绩的正面作用。不能因为当前国家经济发展进入新常态后企业经营过程中出现了一些困难和问题就片面否定公有制，中国国有经济发展的历程表明单一私有化的观点并不符合国情。

第四，应辩证对待非国有股权的正面作用。国有企业向民营资本、国外资本开放，其目的是促进国有企业转换经营机制，进一步完善现代企业制度，健全企业法人治理结构，进而提高国有资本配置和

运行效率。非国有资本显然并非一旦引入就万事大吉，它们并不能督促企业节约成本，仅对产出有较大影响，因此，允许其"搭便车"不可避免，但更应督促其承担起监督、制衡国有资本，以改善经营管理、提升绩效的责任。

第五，独立董事占比和资产规模均对企业财务业绩起到抑制作用。本书发现董事会独立性、资产规模、员工数量、资产负债率、管理费用水平和管理效率等因素都与公司业绩关系显著，但是董事会独立性和资产规模两者对公司业绩起到的是负面作用。

其蕴含的政策含义是："高大上"的独立董事有可能在追求具体企业所不追求的社会目标，而国有企业应适度控制资产规模，避免或缓解"大企业病"。

第三章 行政垄断企业混合所有制
股权制衡与绩效

在 2015 年底爆发延续至 2016 年的"万宝大战"中，知名地产上市公司万科新晋大股东"宝能系"与高级职业经理人王石乃至原大股东华润集团三方之间爆发了激烈的股权资本与经营权对决。该新闻点表面上是高级职业经理人与新旧大股东之间的矛盾，但由于王石同时是"创始人股东"，这使该事件成为各新旧大股东之间、大小股东之间及其与高级经理人员的生态适应性太差，甚至水火不容的典型案例。股权大战本身并不是问题，问题是股权大战当时以及战后对企业经营业绩的影响，毕竟，纠缠不休的股权之争、新晋大股东罢免全部董事会管理层的提案等难免会对万科的经营业务产生不利影响，据《新京报》李春平 2016 年 8 月 19 日①报道，万科 7 月的销售额环比下降 35.3%，"已经签约和销售的项目面临解约风险，银行对万科的信用评级慎重考虑，合作方调整条款，猎头在打万科员工的主意"。毕竟，股权结构的动态变化或者预期变化会导致企业组织结构、经营模式、管理方式等方面的变化或者预期变化，势必影响公司经营。

那么，当前中国正在推进的混合所有制改革是否也会出现类似股权资本乃至经营权争斗呢？如果这不是问题，当这种争斗严重影响了企业业绩和社会贡献，拖累了经济发展时，是否就与混合所有制改革的初衷和目的直接相悖了呢？这种争斗的实质是各大股东之间的制衡

---

① 李春平：《万科董事会今日审议半年报》，《新京报》，2016 年 8 月 19 日，http://www.bjnews.com.cn/finance/2016/08/19/413933.html。

问题，即旧的股权制衡均衡已经被打破，新的股权制衡均衡却只能在斗争中慢慢寻求实现，其间额外夹杂着企业现任高级管理层对变化中的新旧大股东以及各大股东之间制衡的均衡试探过程不适应、不接受，乃至作梗、抗拒。毕竟，其他中小股东主要是"搭便车"，一般无力影响公司治理，更无力通过股权制衡影响公司治理，其利益得失有赖于各大股东对公司治理的有效监督，那么，新旧大股东之间能否尽快实现有效制衡并实现相对稳定的均衡，直接影响到全体股东的根本利益，遑论该争斗对社会经济的负面影响。因此，了解并研究股东之间尤其是大股东之间的生态适应性问题关系到企业的正常运营，关系到混合所有制改革的初衷能否顺利实现。

本章第一部分是文献综述、理论分析与研究假设；第二部分是模型与变量设计；第三部分是数据整理与统计描述；第四部分是测算结果与观点探讨；第五部分是本章结论与政策含义。

一　文献综述、理论分析与研究假设

现有研究多将全部上市公司作为样本，得出了股权制衡与公司绩效或正或负的相关关系，但较少专门针对中国行政垄断上市公司的研究。

（一）文献综述

1. 股权制衡与公司业绩

朱红军、汪辉（2004）通过研究中国民营上市公司股权制衡问题发现，股权制衡并不能提高公司的治理效率。股权结构一旦实现"相近持股比"，就相应彻底解决了"一股独大"问题，这种"均衡"股权制衡度"理应"非常理想，但是某一股东一旦掌控了公司的董事会，就会面临"控制权收益"的巨大诱惑，基于股东之间的不信任，以及"不捞白不捞""说不定其他大股东将来会捞"的心理，在法制环境不完善的情况下，就有可能利用控制权不惜争相掏空上市公司来为自己牟利。该案例表明在西方被奉为神灵的"股权制衡"机制在中国民营企业中行不通。同样，孙兆斌（2006）认为大股东之间的制衡往往成为技术效率提高的障碍。徐莉萍、辛宇、陈工孟（2006）进一步发现过高的股权制衡程度对公司的经营绩效有负面影响。

La Porta R. 等（1996）研究发现，具有一定持股比例的第二大股东能够在一定程度上制衡第一大股东的掠夺行为，从而起到显著的制衡作用，进而优化公司治理。蒋弘、刘星（2007）则认为建立有效的股权制衡机制，实现大股东股权性质的多样性，对公司治理具有积极作用，对并购企业的业绩也有显著正向影响。李琳、刘凤委、卢文彬（2009）进而发现股权制衡类公司确实业绩水平显著较低，但是却能够显著降低公司总资产收益率、公司价值的纵向波动性和横向离散程度，即提高其稳定程度。陈德萍、陈永圣（2011）对中小上市公司的研究也发现股权制衡度有助于改善公司绩效。郝云宏、汪茜（2015）以鄂武商控制权争斗为例，研究了混合所有制企业私有的第二大股东与国有的第一大股东之间的制衡关系，认为这是符合效率原则的市场化行为，但其制衡动因受到股权性质、现金流权、股权比例等因素的影响，

张光荣、曾勇（2008）进一步认为股权制衡确有保护中小股东、增进公平的一面，但也有导致决策效率下降，进而显著负面影响经营绩效的一面，因此，最优股权制衡程度的选择应在股权制衡带来的公平的提高与效率的损失之间进行权衡。

2. 各大股东的股权性质与公司业绩

徐晓东、陈小悦（2003）研究发现，上市公司第一大股东为非国有股东比为国有股东时具有更优的治理效力和公司业绩，而大股东的变更有利于公司治理效力的提高和公司规模的扩大和管理的专业化。但该研究依据的是 1997—2000 年仅仅 4 年的上市公司数据，在经济周期上处于东南亚金融危机之后的复苏时期，国有企业经营困难，正在"抓大放小"，企业职工正在下岗分流，中国经济的市场化程度也难以与今天相比，因此，该研究结论的时效性过强。刘星、刘伟（2007）发现如果第一和第二大股东的股权性质不同，股权制衡的效

果相对较好，而相同时则较差。

（二）理论分析与研究假设

1. 一股独大与多元制衡

国有企业曾因效率低下而备受诟病，当时国有企业的典型特征就是"一股独大"，于是，很多文献将国有企业各种弊端的原因归结于国家股"一股独大"，和因此产生的公司治理制度不合理、治理机制不科学等问题，以及可能由此导致的对其他股东权益的侵占行为，于是，就有了渐进性的混合所有制改革，意图通过非国有股权对国有股权（同时也是大股东）的制衡来改善公司治理，或称发挥非国有股东的"鲶鱼效应"，进而提升公司运营效率和业绩。于是，我们提出以下假设：

H3：私有股东、外资股东或者非国有联合股东对国有股东制衡程度越高，企业业绩就越高。

问题是，国家股"一股独大"的直接优势却是监督行为的直接高效，这也是控制权的价值之所在，而多元化制衡股权一旦对应"泛民主化"的决策机制，容易造成监督缺位、决策迟滞，反而降低企业业绩、影响企业发展，这与政治学中"专制与民主"的矛盾类似。如Shleifer 和 Vishny（1986）认为"一股独大"可以有效解决内部人控制问题并提高公司绩效，从而为自己顺利牟利；赵景文、于增彪（2005）发现"一股独大"上市公司业绩优于股权制衡公司。当我们强调问题的某一方面时，容易忽视另一方面，陷入非此即彼的二元思维模式，于是，旧问题可能得以缓解，但却产生了难以预料的新问题——可能更加复杂化、更加难以解决。

2. 非国有股东参与监督制衡与"搭便车"

显然，当前行政垄断企业的利润来源于行政垄断造成的市场分割，而不是股权制衡对企业公司治理的改善。非国有股东意欲进入行政垄断领域所在的市场，股权投资是一个捷径。混合所有制改革为非国有股东"搭便车"提供了机会，而"搭便车"作为一种经济人追求利益最大化的逐利行为，本身就暗含着投入成本最小化，这将导致非国有股权有机会分享行政垄断的稳定高额利润，却无须为"搭便车"付出额外的股权制衡成本。我们提出以下假设：

H4：与额外投入成本发挥股权制衡作用相比，非国有股东更倾向于"搭便车"。

考察近 10 年行政垄断上市企业的股权构成，我们发现国家的混合所有制改革政策早已不同程度地得到落实，然而其实施效果却较少受到关注。杨记军、逯东、杨丹（2010）研究了 2003—2007 年国有企业股权转让的数据，发现当时的"混改"确实有效提高了企业业绩，但终极控制权仍保留在政府内部的控制权转让方式并没带来企业业绩的显著提高。本书从动机的角度将混合所有制改革分为两类：一类是实质性混合所有制改革，以实现生产效率提升、业绩提升、创新能力和创新效果提升为目的，是高质量的"混改"；另一类是策略性混合所有制改革，通过股权构成的快速多元化来迎合政府"混改"政策的"风向"，国企高管借此来完成"政治任务"，但并不注重"混改"后效益的综合提升。很显然，后者仅仅是一种形式上的股权改革，而不是实质上的，在此情况下，非国有股东仅仅是"搭"了国有股权的"便车"，并没有发挥"混改"希望其发挥的"鲶鱼效应"，甚至"公私合营共同盘剥消费者利益"（戚聿东，2014）。

二　模型与变量设计

（一）模型设计

根据唐跃军等（2010）的股权制衡模型设计理念，构建如下 4 个回归模型，验证 4 个研究假设。

模型 1：

$$\ln Revenue = \alpha + \beta State + \delta \sum Control_i \qquad (3-1)$$

模型 2：

$$\ln Revenue = \alpha + \beta CivilPrivate/State + \delta \sum Control_i \qquad (3-2)$$

模型3：

$$\ln Revenue = \alpha + \beta Foreign/State + \delta \sum Control_i \qquad (3-3)$$

模型4：

$$\ln Revenue = \alpha + \beta MixFP/State + \delta \sum Control_i \qquad (3-4)$$

（二）变量设计

1. 因变量

以营业收入（$\ln Revenue$）和总资产收益率（ROA）分别作为被解释变量，这不同于唐跃军等（2010）等仅以总资产收益率（ROA）作为解释变量的做法。这是因为行政垄断企业作为国有企业，一般都承担着社会责任，不完全以利润率作为绩效追求目标，而以营业收入计量的产出则体现着其社会责任。后文中以总资产收益率（ROA）进行同样的检验，回归方程的拟合优度极低，相应验证了这一判断。

2. 自变量

先将上市公司前十大股东按照国有股、国内私有股、外资股进行分类，分别各自加总测算其各自所占的比例，然后，以国有股占比、私有股占国有股的比值、外资股占国有股的比值、非国有股占国有股的比值分别作为自变量，衡量国有股自身、私有股制衡程度、外资股制衡程度和非国有股制衡程度对因变量的影响大小。之所以将这几个因变量分别设定在不同模型中区别考量，是为避免它们之间客观存在的多重共线性问题。

表3-1　　　　　　　　　　变量设计一览表

变量符号		变量名称	计算方法
$\ln Revenue$		营业收入	ln（营业收入）
ROA		总资产收益率	净利润÷［（期初总资产＋期末总资产）÷2］
股权构成	$State$	国有股占比	前十大股东中国有股占比之和
	$CivilPrivate$	国内私有股占比	前十大股东中国内私有股占比之和
	$Foreign$	外资股占比	前十大股东中外资股占比之和
	$MixFP$	非国有股占比	前十大股东中非国有股占比之和

	变量符号	变量名称	计算方法
股权制衡	*Civi/Private/State*	国内私有股权制衡度	国内私有股权占国有股权的比例
	Foreign/State	外资股权制衡度	外资股权占国有股权的比例
	MixFP/State	非国有股权制衡度	非国有股权占国有股权的比例
控制变量	ln*Size*	资产规模	ln［（期初总资产＋期末总资产）÷2］
	ln*Per*	员工数量	ln（全部在职员工总数）
	ln*Mlevel*	人均管理费用水平	ln（管理费用÷职工总数）
	Meffi	管理费用效率	营业收入÷管理费用
工具变量	*Leverage*	资本结构	总负债÷总资产
	Growth	公司成长性	（本期营业收入－上期营业收入）÷上期营业收入
	Mshare	内部人控制率	高级管理层持股量÷总股本
	Board	董事会规模	董事会人数
	BoardInde	董事会独立性	独立董事÷董事会人数
	BoardVi	监事会规模	监事会人数

三 数据整理与统计描述

依据国民经济行业分类（GB/Ŧ 4754—2011）中 3 位数分类，整理得到 2006—2015 年电力、电信、石油、航空运输、铁路运输 5 个行政垄断行业 67 家 A 股上市公司共 670 个观测对象，总计 11390 个数据。所有原始数据均使用 1978 年定基 GDP 平减指数进行了消胀处理。

为了恰当观察行业业绩变化与股权制衡度之间的关系，本书将各行业内部企业的数据进行行业平均化，然后再进行统计对比分析（详见附表 6 各行业绩效与股权制衡度关系一览表）。

（一）电信业 *ROA* 与股权制衡度统计描述

电信业行业业绩（总资产收益率 *ROA*、营业收入 ln*Revenue*）与股权制衡度关系的统计描述如表3－2所示。

表3－2　　电信业 2006—2015 年行业业绩与股权制衡度统计描述

变量	均值	标准差	最小值	最大值
ROA（%）	6.89	0.0240	4.32	11.42
Revenue（亿元）	146.47	6.67	136.16	159.01
Growth（%）	10.45	0.3197	－8.21	100.00
State（%）	73.07	0.0039	72.69	73.78
CivilPrivate/State（%）	1.63	0.0058	0.74	2.52
Foreign/State（%）	19.78	0.0028	19.35	20.38
MixFP/State（%）	21.41	0.0049	20.55	22.14

由表3－2可知，电信业 ROA 均值6.89%，最小值是2015年的4.32%，最大值是2007年的11.42%；国有股权占比均值73.07%，最小值是2011年的72.69%，最大值是2015年的73.78%；私有股权制衡度均值1.63%，最小值是2014年的0.74%，最大值是2007年的2.52%；外资股权制衡度均值19.78%，最小值是2006年的19.35%，最大值是2014年的20.38%；非国有股权整体制衡度均值21.41%，最小值是2013年的20.55%，最大值是2007年的22.14%。

电信业 ROA、营业收入增长率（Growth）与股权制衡度的变化趋势如图3－1所示。

由图3－1可知，电信业 ROA 标准差0.024，虽然变化不大，但自2007年之后呈持续下降态势，降幅7个百分点；国有股权占比标准差0.0039，变化很小；私有股权制衡度标准差0.0058，变化微小；外资股权制衡度标准差0.0028，变化同样微小；非国有股权整体制衡度标准差0.0049，变化较小。

平均化营业收入（消胀后）作为另一项业绩指标，绝对额10年间呈现出在波动中攀升的趋势，最小值是2007年的136.16亿元，最大值是2013年的159.01亿元，均值是146.47亿元；其相对值即营业收入增长率（*Growth*）则整体下滑，最大值是 2006 年的 100%，最小值是 2014 年的 -8.21%，均值 10.45%。

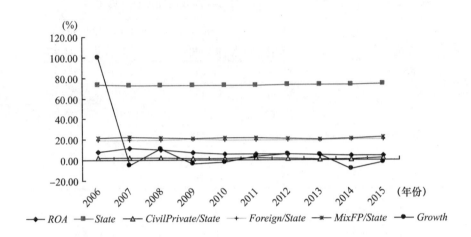

图 3 - 1　电信业 2006—2015 年行业绩效与股权制衡度变化趋势

（二）石油业 *ROA* 与股权制衡度统计描述

石油业行业业绩（总资产收益率 *ROA*、营业收入 ln*Revenue*）与股权制衡度关系的统计描述如表 3 - 3 所示。

表 3 - 3　　石油业 2006—2015 年行业业绩与股权制衡度统计描述

变量	均值	标准差	最小值	最大值
ROA（%）	7.42	0.0333	2.35	13.20
Revenue（亿元）	801.74	160.07	631.26	1019.06
Growth（%）	4.69	0.2581	-39.85	57.58
State（%）	81.24	0.0071	80.10	82.36
CivilPrivate/State（%）	0.34	0.0014	0.14	0.48
Foreign/State（%）	19.10	0.0076	18.33	20.20
MixFP/State（%）	19.44	0.0064	18.76	20.38

由表 3 - 3 可知，石油业 *ROA* 均值 7.42%，最小值是 2015 年的

2.35%，最大值是 2006 年的 13.2%；国有股权占比均值 81.24%，最小值是 2014 年的 80.1%，最大值是 2006 年的 82.36%；私有股权制衡度均值 0.34%，最小值是 2015 年的 0.14%，最大值是 2009 年的 0.48%；外资股权制衡度均值 19.1%，最小值是 2012 年的 18.33%，最大值是 2013 年的 20.2%；非国有股权整体制衡度均值 19.44%，最小值是 2012 年的 18.76%，最大值是 2013 年的 20.38%。

石油业 ROA、营业收入增长率（Growth）与股权制衡度的变化趋势如图 3 - 2 所示。

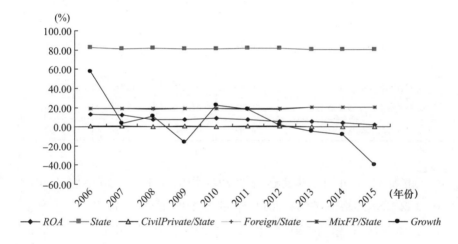

图 3 - 2　石油业 2006—2015 年行业绩效与股权制衡度变化趋势

由图 3 - 2 可知，石油业 ROA 标准差 0.0333，变化不大，自 2006 年之后整体呈下降态势，而且下降幅度超过 10 个百分点，走低趋势明显；国有股权占比标准差 0.0071，变化很小；私有股权制衡度标准差 0.0014，变化微小；外资股权制衡度标准差 0.0076，变化较小；非国有股权整体制衡度标准差 0.0064，变化同样很小。

该行业平均化营业收入（消胀后）10 年间波动剧烈，2006—2008 年稳步上升，2009—2015 年呈现倒 U 形趋势，2015 年的 645.57 亿元接近 2009 年的产出，而最小值就是 2009 年的 631.26 亿元，最大值是 2012 年的 1019.06 亿元，均值是 801.74 亿元。其相对值即营业收入增长率（Growth）则在波动中下行，最大值是 2006 年的 57.58%，最小值是 2015 年的 -39.85%，均值 4.69%。

（三）铁路运输业 ROA 与股权制衡度统计描述

铁路运输业（3 家公司代表）行业业绩（总资产收益率 ROA、营业收入 lnRevenue）与股权制衡度关系的统计描述如表 3 - 4 所示。

表 3 - 4 铁路运输业 2006—2015 年行业业绩与股权制衡度统计描述

变量	均值	标准差	最小值	最大值
ROA（%）	8.48	0.0122	6.18	9.89
Revenue（亿元）	8.13	1.35	5.12	9.28
Growth（%）	15.94	0.3167	-4.50	100.00
State（%）	48.17	0.0244	44.93	51.46
CivilPrivcote/State（%）	9.59	0.0296	6.56	15.13
Foreign/State（%）	15.23	0.0238	12.92	19.40
MixFP/State（%）	24.82	0.0343	19.67	29.54

由表 3 - 4 可知，铁路运输业 ROA 均值 8.48%，最小值是 2015 年的 6.18%，最大值是 2011 年的 9.89%；国有股权占比均值 48.17%，最小值是 2013 年的 44.93%，最大值是 2006 年的 51.46%；私有股权制衡度均值 9.59%，最小值是 2009 年的 6.56%，最大值是 2011 年的 15.13%；外资股权制衡度均值 15.23%，最小值是 2007 年的 12.92%，最大值是 2014 年的 19.4%；非国有股权整体制衡度均值 24.82%，最小值是 2009 年的 19.67%，最大值是 2011 年的 29.54%。

铁路运输业 ROA、营业收入增长率（Growth）与股权制衡度的变化趋势如图 3 - 3 所示。

由图 3 - 3 可知，铁路运输业 ROA 标准差 0.0122，变化不大，自 2009 年达到峰值之后呈下降趋势；国有股权占比标准差 0.0244，变化较小；私有股权制衡度标准差 0.0296，整体呈现下降趋势；外资股权制衡度标准差 0.0238，整体呈现上升趋势；非国有股权整体制衡度标准差 0.0343，2006—2009 年呈现下降趋势，但 2009—2011 年呈现上升趋势，2011 年之后又呈现下降趋势。

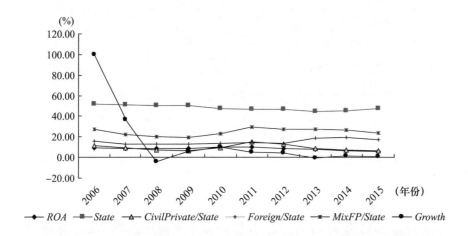

图 3 – 3　铁路运输业 2006—2015 年行业绩效与股权制衡度变化趋势

该行业平均化营业收入（消胀后）10 年间呈上升态势，2006—2007 年大幅上涨 37.26%，2008 年之后稳步上升，最小值是 2006 年的 5.12 亿元，最大值是 2010 年的 9.28 亿元，均值是 8.13 亿元。其相对值即营业收入增长率（Growth）最大值是 2006 年的 100%，最小值是 2008 年的 –4.5%，均值 15.94%；自 2006 年 100% 的增长率下跌到 2008 年 –4.5% 的增长率，之后略有回升，但整体下降趋势明显。

（四）航空运输业 ROA 与股权制衡度统计描述

航空运输业行业业绩（总资产收益率 ROA、营业收入 lnRevenue）与股权制衡度关系的统计描述如表 3 – 5 所示。

表 3 – 5　航空运输业 2006—2015 年行业业绩与股权制衡度统计描述

变量	均值	标准差	最小值	最大值
ROA（%）	3.40	0.0273	– 3.83	6.37

续表

变量	均值	标准差	最小值	最大值
Revenue（亿元）	19.37	2.48	14.73	22.41
Growth（%）	1.89	0.2969	-52.43	66.33
State（%）	55.94	0.0234	52.88	58.73
CivilPrivate/State（%）	7.71	0.0255	3.07	11.67
Foreign/State（%）	26.70	0.0125	24.76	27.97
MixFP/State（%）	34.41	0.0235	30.60	37.81

由表 3 - 5 可知，航空运输业 *ROA* 均值 3.4%，最小值是 2008 年的 - 3.83%，最大值是 2010 年的 6.37%；国有股权占比均值 55.94%，最小值是 2013 年的 52.88%，最大值是 2006 年的 58.73%；私有股权制衡度均值 7.71%，最小值是 2015 年的 3.07%，最大值是 2012 年的 11.67%；外资股权制衡度均值 26.7%，最小值是 2011 年的 24.76%，最大值是 2007 年的 27.97%；非国有股权整体制衡度均值 34.41%，最小值是 2015 年的 30.6%，最大值是 2013年的 37.81%。

航空运输业 *ROA*、营业收入增长率（*Growth*）与股权制衡度的变化趋势如图 3 - 4 所示。

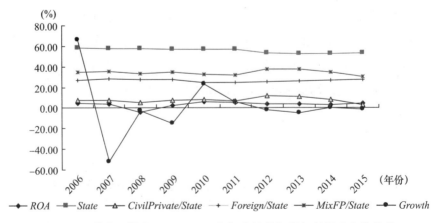

图 3 - 4　航空运输业 2006—2015 年行业绩效与股权制衡度变化趋势

由图 3 - 4 可知，航空运输业 ROA 标准差 0.0273，略有变化，其中 2008 年受国际油价暴涨影响，出现亏损，其他年份回归正常；国有股权占比标准差 0.0234，出现下降趋势；私有股权制衡度标准差 0.0255，尽管有所起伏，但整体变化较小；外资股权制衡度标准差 0.0125，变化同样较小；非国有股权整体制衡度标准差 0.0235，有所起伏，但整体变化较小。

该行业平均化营业收入（消胀后）10 年间先下跌后回升至平稳态势，2006—2009 年平稳下降，2010 年之后回升至平稳，最小值是 2009 年的 14.73 亿元，最大值是 2011 年的 22.41 亿元，均值是 19.37 亿元。其相对值即营业收入增长率（Growth）最大值是 2006 年的 66.33%，最小值是 2007 年的 -52.43%，均值 1.89%，这与 2006 年、2007 年经济过热，国际油价暴涨有关，该行业营业收入增长率经历 2006 年暴涨、2007 年暴跌之后，逐步趋于平稳。

（五）电力业 ROA 与股权制衡度统计描述

电力业行业业绩（总资产收益率 ROA、营业收入 lnRevenue）与股权制衡度关系的统计描述如表 3 - 6 所示。

表 3 - 6　电力业 2006—2015 年行业业绩与股权制衡度统计描述

变量	均值	标准差	最小值	最大值
ROA（%）	2.83	0.0200	-0.60	6.72
Revenue（亿元）	4.22	0.80	2.98	5.10
Growth（%）	-15.00	0.8935	-255.63	92.54
State（%）	51.65	0.0059	51.08	53.07
CivilPrivate/State（%）	11.05	0.0174	8.31	13.96
Foreign/State（%）	3.53	0.0019	3.08	3.72
MixFP/State（%）	14.58	0.0185	11.39	17.66

由表 3 - 6 可知，电力业 ROA 均值 2.83%，最小值是 2008 年的 -0.60%，最大值是 2006 年的 6.72%；国有股权占比均值 51.65%，

最小值是 2007 年的 51.08%，最大值是 2015 年的 53.07%；私有股
权制衡度均值 11.05%，最小值是 2009 年的 8.31%，最大值是 2014
年的 13.96%；外资股权制衡度均值 3.53%，最小值是 2009 年的
3.08%，最大值是 2010 年的 3.72%；非国有股权整体制衡度均值
14.58%，最小值是 2009 年的 11.39%，最大值是 2014 年
的 17.66%。

电力业 *ROA*、营业收入增长率（*Growth*）与股权制衡度的变化趋
势如图 3 – 5 所示。

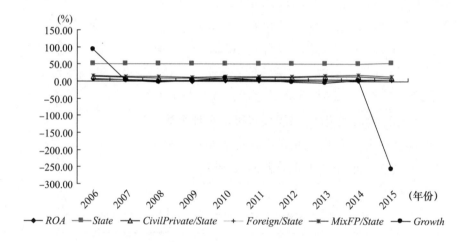

图 3 – 5　电力业 2006—2015 年行业绩效与股权制衡度变化趋势

由图 3 – 5 可知，电力业 *ROA* 标准差 0.0200，自 2006—2008 年
快速下降，之后呈持续回升态势；国有股权占比标准差 0.0059，变化
很小；私有股权制衡度标准差 0.0174，有所起伏，但变化较小；外资
股权制衡度标准差 0.0019，变化微小；非国有股权整体制衡度标准差
0.0185，有所起伏，但变化较小。

该行业平均化营业收入（消胀后）前 6 年整体平稳上升，2012
年开始下降，最小值是 2006 年的 2.98 亿元，最大值是 2011 年的
5.10 亿元，均值是 4.22 亿元。值得注意的是，2015 年该行业营业收
入明显下降，但是 *ROA* 却上涨了 1.14 个百分点，这是由于构成主要

营业成本的煤炭价格大幅下跌，总资产收益率上升所致。其相对值即营业收入增长率（*Growth*）最大值是 2006 年的 92.54%，最小值是 2015 年的 −255.63%，均值 −15%；除了 2006 年的暴涨、2015 年的暴跌，其他年份增长率持平。

（六）小结

将 5 大行政垄断行业取平均值，得到表 3 −7 和图 3 −6，进一步分析，整体而言，5 大行政垄断行业 *ROA* 与国有股权占比呈现同步下降趋势，尽管在 2015 年均有所回升；私有股权制衡度有所波动，但整体保持平稳；外资股权制衡度也有轻微波动，但整体有所上升；非国有股权整体制衡度波动起伏，难以判断具体变化趋势，而且，与 *ROA* 之间也未呈现同步变化趋势。

表 3 −7　　　　5 大行政垄断行业 2006—2015 年平均行业业绩
与股权制衡度统计描述

变量	均值	标准差	最小值	最大值
ROA（%）	5.80	0.0145	4.33	8.32
Revenue（亿元）	22.84	2.8637	18.80	26.36
Growth（%）	3.60	0.3438	−59.62	83.29
State（%）	62.01	0.0094	60.53	63.43
CivilPrivate/State（%）	6.06	0.0106	4.37	7.46
Foreign/State（%）	16.87	0.0071	16.13	18.09
MixFP/State（%）	22.93	0.0117	21.31	24.64

营业收入绝对值波动比较大，营业收入增长率（公司成长性 *Growth*）呈现持续下降态势，受 2006 年、2007 年经济过热以及 2008 年危机影响较大，2015 年前后又受经济增速重心下移影响，成长性下降。与非国有股权整体制衡度基本持平，在直观统计意义上关联度不大。具体如图 3 −6 所示。

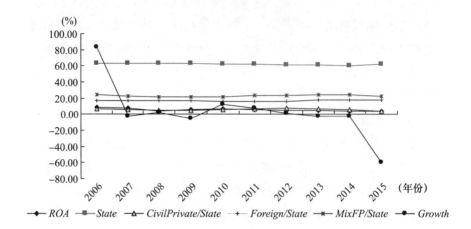

图 3 – 6　5 大行政垄断行业 2006—2015 年平均行业绩效与股权制衡度变化趋势

四　测算结果与观点探讨

根据混合所有制模型适用变量，整理本书所采集的面板数据，利用 Stata13 软件进行检验。经过 Hausman 检验，拒绝原假设，应采用固定效应模型；经过 Xttest3 检验，拒绝同方差假设，存在异方差；经过 Xtserial 检验，存在一阶自相关，因此无法使用固定效应模型。进一步，经过膨胀因子 Estat vif 检验，资产规模（lnSize）与其他变量之间存在多重共线性，删除该变量，多重共线性情况消失。经过 Ramsey 检验，拒绝没有遗漏变量的假设，也就是说该模型遗漏了重要解释变量。进一步注意到人均管理费用水平可能与扰动项中除"管理效率"以外的其他因素相关，因此是内生变量，应该使用工具变量（IV）的办法进行弥补。具体将公司治理变量如内部人控制率、董事会规模、董事会独立性、监事会规模作为人均管理费用水平和管理效率的工具变量（因为这些公司治理问题在理论上会影响管理费用的使用），因此，该模型改用广义矩估计方法（两步 GMM）处理异方差性和自相关性。测算结果如表 3 –8 和表 3 –9 所示。

（一）以营业收入作为绩效指标

计量测算结果如表 3 - 8 所示，我们发现 5 个方程的拟合优度均在 87% 以上，可靠程度较高。综合对比分析发现，各类型股权构成均会影响企业营业收入，而外资股权通过对国有股权的制衡也显著影响了营业收入，但没有发现国内私有股权发挥制衡作用。

表 3 - 8　　　　　　　　营业收入与股权制衡度的关系

变量	方程 1	方程 2	方程 3	方程 4	方程 5
$State$	0.800 *	0.941 **			
$CivilPrivate$	1.332 ***				
$Foreign$	2.543 ***				
$MixFP$		2.428 ***			
$CivilPrivate/State$			0.155		
$Foreign/State$				0.806 ***	
$MixFP/State$					0.548 ***
$\ln Per$	0.904 ***	0.900 ***	0.988 ***	0.945 ***	0.971 ***
$\ln Mlevel$	0.800 ***	0.752 ***	0.911 ***	0.834 ***	0.857 ***
$Meffi$	0.017 ***	0.017 ***	0.019 ***	0.017 ***	0.018 ***
_ cons	2.433 ***	2.271 ***	2.381 ***	2.679 ***	2.415 ***
R^2	0.887	0.882	0.874	0.892	0.886
R^2_ a	0.886	0.881	0.873	0.891	0.886
N	670	670	670	670	670

注：* 代表 $p < 0.1$；** 代表 $p < 0.05$；*** 代表 $p < 0.01$。

1. 各股权成分均与企业营业收入关系显著

根据方程 1 和方程 2 的测算结果，国有股权与营业收入显著正相关，而且，私有股权、外资股股权这两种非国有股权与企业营业收入的关系更为显著。这表明混合所有制各类型股权将影响企业营业收入，也就是说混合所有制股权构成将影响企业营业收入，但尚无法确定非国有股权制衡度对企业营业收入的影响，只能说各类型股权通过公司治理影响营业收入。

2. 国内私有股权制衡度与企业营业收入之间没有显著相关性

根据方程 3，很显然，截至 2015 年底，国内私有股权制衡度与企业营业收入之间并没有显著相关关系，但方程 1 却表明私有股权显著影响营业收入，这说明，私有股权的影响并不是通过对国有股权的制衡发生的，而是通过对公司治理的影响产生的。

3. 外资股权制衡度与企业营业收入关系显著

方程 4 表明，外资股权制衡度与企业营业收入之间关系显著，结合方程 1 和方程 2，表明外资股权不但通过本身而且能够通过其对国有股权的制衡度影响企业营业收入。

4. 非国有股权制衡度与企业营业收入关系显著

方程 2 和方程 5 表明，非国有股权不但自身而且其对国有股权的制衡度均与企业营业收入关系显著，结合方程 1、方程 2、方程 4 综合判断，表面上是国内私有股权与外资股权对国有股权的联合制衡发挥了作用，但实质上该制衡主要是外资股权产生的。

（二）以总资产收益率作为绩效指标

同样使用上述计量方法，改用总资产收益率（ROA）作为绩效指标，测算结果如表 3 - 9 所示，可见，股权制衡度与总资产收益率关系并不显著，而且，这 5 个方程的拟合优度接近于 0，不具有解释力。

表 3 - 9　　　　　　　　　ROA 与股权制衡度的关系

变量	方程 1	方程 2	方程 3	方程 4	方程 5
State	0. 139 **	0. 144 **			
CivilPrivate	0. 182 ***				
Foreign	0. 059				
MixFP		0. 098			
CivilPrivate/State			- 0. 006		
Foreign/State				- 0. 031	
MixFP/State					- 0. 019
ln*Per*	- 0. 002	- 0. 005	0. 003 *	0. 005 **	0. 004 **
ln*Mlevel*	- 0. 019	- 0. 024	- 0. 009	- 0. 006	- 0. 008

续表

变量	方程1	方程2	方程3	方程4	方程5
Meffi	0.000	0.000	0.000	0.000	0.000
_ cons	− 0.067 ***	− 0.052 **	− 0.011	− 0.021	− 0.013
R^2	—	—	—	—	—
R^2_ a	—	—	—	—	—
N	670	670	670	670	670

注：*代表 $p < 0.1$；**代表 $p < 0.05$；***代表 $p < 0.01$。

五　本章结论与政策含义

以营业收入作为行政垄断企业的绩效考量指标，通过直观统计对比，5 大行政垄断行业的营业收入以及营业收入增长率（公司成长性 *Growth*）10 年间波动较大，但是非国有股权制衡度基本保持平稳，二者之间并没有直观统计意义上的相同或者相异变化趋势。进一步的计量分析发现，不但国有、国内私有和外资三种类型的股权构成均会影响企业营业收入，而且外资股权通过对国有股权的制衡也显著影响着营业收入，却没有发现国内私有股权制衡的显著影响。可见，H1 仅部分得证，但同时也说明 H2 得证。

以总资产收益率（*ROA*）作为绩效考量指标时，5 大行政垄断行业 *ROA* 与股权制衡度之间无论是直观统计分析还是计量分析，都没有明显相关度较高的变化趋势，股权制衡的影响无法判断。可见，H1 无法得证，而 H2 得证。其政策含义是：

（一）混合所有制改革的目的应通过优化公司治理架构、制度和机制来实现

H2 成立意味着现有的"混改"只是"策略性混改"，而不是"实质性混改"。为了"混合"而"混改"未必能够达到混合所有制改革的目的。这意味着下一步"混改"的推进更应重视实质性目的的实现，毕竟，混合所有制本身并不是改革的最终目的，引入非国有资本实现股权制衡仅仅是手段。混合所有制改革的最终目的的实现必须通过进一步优化公司治理架构、完善公司治理制度和机制才能实现，同时也才能有效抵消混合所有制改革后各类型股东的适应性成本，也就是各股东之间能够顺利磨合、适应，起到"混改"所追求的互相监督制衡的作用。

（二）国有股权作为行政垄断行业企业的主体，更应主动关注内部治理机制的升级与改善，发挥非国有股东的监督制衡作用

根据股权比重，非国有股东在董事会和监事会人选、高级经理人员任命与考核方面，应有与其股权相匹配的话语权。在现有条件下，非国有股东偏好于"搭便车"，而不是制衡大股东并与大股东一起提升公司治理结构，监督公司高级管理人提升企业绩效。毕竟，非国有股东进入行政垄断行业，其直接目的是借国有企业既有的市场优势地位、市场资源，分享经济利益。如果"搭便车"就能实现该目的，便没有动机去监督制衡国有股东，进一步督促职业经理人提升公司治理水平，提升业绩。一般文献认为国有股东处于强势地位，非国有股东无力影响公司治理，这反而成为非国有股东不能有效发挥其监督制衡作用的借口。国有股权既然能够主动积极引入非国有股权，就应通过升级公司治理机制，给予非国有股东发挥其监督制衡作用的机会。

（三）应设计多元化而不是单一化的评价股权制衡效果的评价指标

进行企业业绩类评估时，有必要区分营业收入和总资产收益率，尤其是对于国有企业而言，资产收益率不一定是大股东唯一追求的目的，产权的国有属性意味着其必然要承担一定的社会职能。对于国有企业而言，稳定有效地为社会提供产品是其不能推脱的使命，这是国有企业天生的社会责任，该使命和责任的实现可能会影响利润率，这就要求应对其绩效评估采用综合指标，而不应单纯依赖某一单项指标。

第四章　行政垄断企业创新能力探究

当前，学界对行政垄断企业创新情况缺乏辩证的全面研究。创新是实现民族复兴的灵魂和推手，学界对于创新问题的研究已经浩如烟海，但其中对于行政垄断行业与创新关系的研究却相对匮乏。以此为背景，尤其是在中国经济发展趋于平缓的形势下，从挖掘正能量的角度探讨行政垄断行业创新的路径、瓶颈和机制改革问题就非常具有现实和潜在的理论价值。

根据现有文献，可资借鉴的理论与实证资料主要来自国内专家学者的论著与论述，但他们都存在一个不良倾向，即饱受社会学研究者诟病的"非此即彼的二元思维模式"：认为既然行政垄断存在着如此大的危害，干脆把它私有化、民营化，一旦引入民营经济竞争主体，问题似乎就迎刃而解了。问题是：一旦出现灾难性的改革后果谁来托底？显然，主张私有化、民营化的学者们是不会为此承担责任的。

但是，他们的研究思路与研究结论和政策建议毕竟会为行政垄断问题的解决提供若干个视角和思路，或许可能朝着真理前进一步又一步，也可能距离真理更加遥远，所以，需要一个反向思维模式指导的理论研究来考察其结论的风险性。

本章第一部分是行政垄断行业与竞争性行业直接创新贡献度的比较测度；第二部分是行政垄断行业与竞争性行业直接创新效率的比较测度；第三部分是本章小结。

一 行政垄断行业与竞争性行业直接 创新贡献度的比较测度

（一）引言

"理直气壮地做大做强做优国有企业"（习近平，2016）如何落到实处？在创新方面没有进步和贡献，"做大做强做优"就难以实现和持续。尽管行政垄断行业作为国有企业的典型代表，其绩效等在国内备受批评，但其在创新方面有没有贡献？贡献度有多大？清晰地了解这一问题，尤其是与竞争性行业进行对比、查找差距，才能找到努力的方向和目标。

（二）文献综述

对行业创新贡献度进行衡量的研究文献比较罕见，吴一平（2010）分解了行业资本规模、企业平均规模、科研投入以及外商直接投资等5个因素对中国工业行业创新能力差距的影响程度，而对于行业间创新能力差距的大小仅仅使用基尼系数来笼统地进行了衡量，并没有给出各个行业具体的差距大小。

依据现有研究文献，衡量行业创新贡献度至少有两个维度：一个是投入维度，如设立研发机构、研究项目、配备研发人员、支付研发经费；另一个是产出维度，如专利数，尤其是有效发明专利数，或者是新产品及其在总产值或者主营业务收入中所占的比例。

就创新的投入维度而言，一般包括经费和人员两个投入要素，具体问题是：以什么样的形式投入、如何投入以及投入多寡。吴延兵（2006）观察到绝大多数实证文献仅仅用研发支出或研发人数作为创新投入变量，很少将研发支出和研发人数同时纳入知识生产函数分析中，他在构建知识生产函数时不但测算了研发资本存量，而且引入了研发存量和研发人数两个投入要素。在企业运行架构中设立研发机构是将研发工作常态化、制度化、规范化的一般做法，其本身可以表明对研发工作的重视程度。即使没有设立研发机构，仍有很多企业也在开展研发活动，这些"非正式"研发活动也应被纳入统计，视作对创新的贡献。此外，设立研发项目并配备经费和人员也是正式研发投入要素。

就创新的产出维度而言，行业专利申请数量代表着所在行业创新活动的活跃程度，尤其是发明专利体现的技术创新层次较高（李平等，2007），发明专利的数量以及在专利总量中的比重是衡量原始创新能力核心指标（刘凤朝等，2006）。获得专利的发明创造的质量存在着很大的差别，甚至一些重要的发明并不注册为专利（吴延兵，2006），由于数据限制，我们仅能考量专利数量，对于其质量和效益及影响则难以量化比较。然而，新产品的生产可能不仅来自企业创新活动，还可能来自技术模仿，问题是技术模仿相对于该单位原有水平也是一种进步，何况模仿是经济领域的一种常态化现象，因此，在现有条件下也就可以使用新产品销售收入来衡量创新产出。

此外，值得注意的是，行政垄断行业一般是关系国计民生的基础性行业，那么，仅仅以其直接投入或者直接产出的相关数据来衡量其创新贡献度显然有失公允，因此本章研究的是其"直接贡献度"，区别于其"全部"贡献度。而且，由于燃气、水的生产和供应两个传统行业的行业特性，其研发投入和产出一般都会比较低。而属于高新技术产业的医药制造业，航空、航天及其设备制造业，电子及通信设备制造业，计算机及办公设备制造业和医疗仪器设备及仪器仪表制造业5个行业的创新活动理应较多，它们都不属于行政垄断行业。

（三）模型设定

依据经济统计相关理论知识，某一特定因素在同类型可比因素中的占比即可视为其贡献度，即：

$$r = \sum x_i / X_I$$

其中，r 为贡献度；x 是指对应于 I 的某类型细分行业统计数据；i 是指行业数；X 指某项指标行业统计数据总和；I 是指某项指标。

（四）数据说明

《中国科技统计年鉴》提供了本书需要的部分衡量创新贡献度的

数据，鉴于 2010 年工业企业统计的是"大中型"[①] 企业，而 2011 年及以后统计的工业企业则是"规模以上"[②] 企业，两种口径不一致，为保持研究工作的前后一致性，本部分仅对比分析 2011—2013 年的情况。此外，2011 年橡胶制品业和塑料制品业两个行业在 2012 年之后合并成了橡胶和塑料制品业；交通运输设备制造业在 2012 年分离成了汽车制造业和铁路、船舶、航空航天和其他运输设备制造业两个行业。

在按行业分规模以上工业企业中，根据丁启军（2010）的划分方法，行政垄断行业有 6 个：石油和天然气开采业（简称石油业），烟草制品业，石油加工、炼焦和核燃料加工业，电力、热力生产和供应业，燃气生产和供应业，水的生产和供应业；其他 32 个行业为竞争性行业。

（五）创新直接投入贡献度

投入因素主要是设立研发机构、配备研发人员、支付研发经费、购买仪器设备、设立研究项目、内外技术获取和吸收以及技术改造等，人员和经费是衡量投入维度创新贡献度的基本指标。

1. 设立研发机构及其经费投入

2011—2013 年，按行业分规模以上工业企业设立研发机构及相关投入情况如表 4 - 1 所示。

（1）设立研发机构的企业数及有研发活动的企业数

3 年平均规模以上的工业企业数为 346831 家，其中设立了研发机构的企业数为 36088 家，占企业总数的 10.41%；有研发活动的企业数为 46750 家，占企业总数的 13.48%，也就是说有 10662 家未设立研发机构的企业开展了研发活动。

---

① 根据《中国科技统计年鉴》的注释，工业企业的口径为大中型工业企业，指同时满足从业人员年平均人数在 300 人及以上、年主营业务收入在 3000 万元及以上、资产总计在 4000 万元及以上的工业企业。

② 根据《中国科技统计年鉴》的注释，工业企业的口径为规模以上工业企业，指年主营业务收入为 2000 万元及以上的法人工业企业。

表 4 - 1　　　　2011—2013 年按行业分规模以上工业企业设立
研发机构及相关投入情况一览表

行业	企业数（家）	有研发机构		有研发活动		机构数（个）	机构人员（万人）	机构经费（亿元）	仪器和设备原价（亿元）
		企业数（家）	占比（%）	企业数（家）	占比（%）				
煤炭开采和洗选业	7832	185	2.37	178	2.28	221	2.07	56.93	40.65
石油和天然气开采业	183	58	31.51	35	19.31	108	3.48	62.39	42.23
黑色金属矿采选业	3531	41	1.15	58	1.64	39	0.16	3.01	5.65
有色金属矿采选业	2090	40	1.90	92	4.40	63	0.23	11.73	6.08
非金属矿采选业	3453	70	2.03	99	2.86	93	0.25	5.01	3.49
农副食品加工业	22401	1238	5.53	1481	6.61	1449	3.77	86.09	60.38
食品制造业	7353	636	8.65	824	11.21	760	2.56	59.38	37.91
酒、饮料和精制茶制造业	5361	465	8.67	556	10.38	574	2.76	73.22	65.63
烟草制品业	139	35	25.24	54	38.70	36	0.26	21.12	20.63
纺织业	21516	1645	7.65	1813	8.43	1837	5.43	113.89	94.94
纺织服装、服饰业	14084	798	5.67	776	5.51	879	2.61	42.31	26.27
皮革、毛皮、羽毛及其制品和制鞋业	7458	369	4.95	372	4.99	397	1.39	20.69	11.13
木材加工和木、竹、藤、棕、草制品业	8524	406	4.77	419	4.91	442	0.72	13.41	7.83
家具制造业	4635	212	4.58	271	5.84	237	0.78	12.21	6.92
造纸和纸制品业	7097	368	5.19	507	7.14	414	1.80	54.42	39.38
印刷和记录媒介复制业	4345	274	6.31	341	7.84	306	0.92	16.62	24.11
文教、工美、体育和娱乐用品制造业	6011	528	8.79	626	10.41	586	1.75	27.87	24.33
石油加工、炼焦和核燃料加工业	2031	159	7.81	221	10.88	199	1.16	50.12	35.80

续表

行业	企业数（家）	有研发机构		有研发活动		机构数（个）	机构人员（万人）	机构经费（亿元）	仪器和设备原价（亿元）
		企业数（家）	占比（%）	企业数（家）	占比（%）				
化学原料和化学制品制造业	23781	3283	13.80	4288	18.03	4060	14.78	413.96	258.13
医药制造业	6385	1732	27.12	2268	35.52	2213	10.08	211.05	154.88
化学纤维制造业	1875	299	15.94	334	17.79	356	1.63	62.17	57.51
橡胶和塑料制品业	16896	1345	7.96	1807	10.70	1526	5.94	130.20	111.72
非金属矿物制品业	29285	1553	5.30	2162	7.38	1769	5.74	99.17	100.31
黑色金属冶炼和压延加工业	9544	775	8.12	884	9.26	932	6.89	257.32	154.21
有色金属冶炼和压延加工业	7021	779	11.10	1025	14.60	962	4.75	154.38	109.85
金属制品业	18412	1529	8.30	2055	11.16	1764	6.52	115.63	149.29
通用设备制造业	23963	3563	14.87	4689	19.57	4207	17.33	334.18	271.92
专用设备制造业	15236	2750	18.05	3762	24.69	3245	14.55	260.82	208.84
汽车制造业	12933	1907	14.75	2558	19.78	2305	19.86	525.64	449.13
铁路、船舶、航空航天和其他运输设备制造业	4839	824	17.02	980	20.24	996	8.96	197.74	143.72
电气机械和器材制造业	21241	3961	18.65	5253	24.73	4889	24.41	539.77	389.98
计算机、通信和其他电子设备制造业	12419	2784	22.42	3765	30.32	3555	35.65	927.57	411.79
仪器仪表制造业	3926	1053	26.83	1503	38.28	1306	5.99	93.74	64.77
其他制造业	2711	166	6.14	228	8.41	148	0.70	10.66	8.60
金属制品、机械和设备修理业	425	41	9.65	58	13.53	131	0.63	8.32	6.75
电力、热力生产和供应业	5635	156	2.77	303	5.38	191	1.64	26.86	45.71

续表

行业	企业数（家）	有研发机构		有研发活动		机构数（个）	机构人员（万人）	机构经费（亿元）	仪器和设备原价（亿元）
		企业数（家）	占比（％）	企业数（家）	占比（％）				
燃气生产和供应业	998	14	1.44	32	3.17	15	0.04	1.02	0.93
水的生产和供应业	1262	45	3.57	74	5.89	54	0.14	1.88	1.72
总计	346831	36088	10.41	46750	13.48	43263	218.37	5102.49	3653.10
6个行政垄断行业	10248	467	4.56	719	7.02	603	6.73	163.39	147.01
6个行政垄断行业占比（％）	2.95	1.29	—	1.54	—	1.39	3.08	3.20	4.02
32个竞争性行业占比（％）	97.05	98.71	10.27	98.46	13.27	98.61	96.92	96.80	95.98

资料来源：《中国科技统计年鉴》（2012—2013）。

其中，6个行政垄断行业共有467家企业设立了研发机构，占设立研发机构企业总数的1.29%；共有719家企业开展了研发活动，占有研发活动企业数的1.54%。而32个竞争性行业两项占比分别为98.71%、98.46%。

考虑到行政垄断行业的"垄断特性"，所属行业中企业家数相对较少，因此，采用指标在所在行业占比进一步比较分析。

从设立研发机构的企业数占所在行业企业总数的比例来看，行政垄断行业中的石油和天然气开采业及烟草制品业排在前列。尤其石油和天然气开采业是占比最高的，183家企业中，3年平均有58家设立了研发机构，占比31.51%；但是，开展研发活动的企业仅有35家，也就意味着至少23家企业尽管设有研发机构却没开展研发活动。进一步调查发现，该行业2010—2011年设立研发机构的企业增长了93家，但是到2012年却又锐减了101家，仅剩23家企业设有研发机构，2013年增至26家，该行业设立研发机构的企业数先骤增后骤减，变动剧烈。烟草制品业占比25.24%，排第四位。水、电力热力和燃气的生产和供应三个行业排在全部工业行业的后列，占比比较低。

有研发活动的企业数占比最高的是烟草制品业，139家企业中3

年平均有 54 家企业开展了研发活动，占比 38.7%；占比最低的是黑色金属矿采选业，为 1.64%，3531 家企业中仅有 58 家开展了研发活动。

（2）研发机构数占比

38 个行业 3 年间平均设立了 43263 个研发机构。其中，6 个行政垄断行业均列后 11 位以内，共设立了 603 个研发机构，占全部研发机构数的 1.39%；最多的是石油加工、炼焦和核燃料加工业，设有 199 个研发机构；最少的是燃气生产和供应业，仅仅设有 15 个研发机构。行政垄断行业占比明显偏低。

而 32 个竞争性行业共设有 42660 个研发机构，占比 98.61%。最多的是电气机械和器材制造业，设有 4889 个研发机构；最少的是黑色金属矿采选业，设有 39 个研发机构。

（3）研发机构人员

3 年间，38 个行业的研发机构人员数年均为 218.37 万人。其中，6 个行政垄断行业仅有 6.73 万人，占全部机构人员数的 3.08%；32 个竞争性行业有 211.64 万人，占比 96.92%。行政垄断行业明显弱势。

研发机构人员数最多的是电气机械和器材制造业，拥有 24.41 万人；最少的是燃气生产和供应业，仅有 0.04 万人。

（4）研发机构经费

3 年间，38 个行业的研发经费年均为 5102.49 亿元。其中，6 个行政垄断行业仅有 163.39 亿元，占全部经费的 3.2%；32 个竞争性行业有 4939.1 亿元，占比 96.8%。行政垄断行业弱势明显。

研发机构经费最多的是计算机、通信和其他电子设备制造业，有 927.57 亿元；最少的是燃气生产和供应业，仅有 1.02 亿元。

（5）仪器和设备原价

3 年间，38 个行业的仪器设备原价年均为 3653.1 亿元。其中，6 个行政垄断行业仅有 147.01 亿元，占比 4.02%；32 个竞争性行业有 3506.09 亿元，占比 95.98%。行政垄断行业弱势明显。

仪器和设备原价最高的是汽车制造业，有 449.13 亿元；最少的是燃气生产和供应业，仅有 0.93 亿元。

2. 研发投入

除了研发机构投入，还要考虑行业整体研发投入情况，详见表 4-2。

表 4-2　　　　2011—2013 年按行业分规模以上工业企业
研发投入情况一览表

行业	R&D人员（万人）	R&D经费（亿元）	项目数（项）	项目经费支出（亿元）	技术获取和技术改造（亿元）	新产品开发项目数（项）	新产品开发经费支出（亿元）
煤炭开采和洗选业	7.78	167.89	4375	128.67	199.07	1866	64.99
石油和天然气开采业	3.77	97.53	3313	56.58	7.36	878	27.16
黑色金属矿采选业	0.35	6.34	243	5.07	10.67	122	3.22
有色金属矿采选业	0.59	20.60	429	17.07	25.20	108	5.92
非金属矿采选业	0.45	7.74	366	6.29	8.95	248	4.90
农副食品加工业	4.69	139.66	4934	115.13	77.37	5435	164.98
食品制造业	3.58	85.86	3748	71.17	49.99	4010	87.64
酒、饮料和精制茶制造业	3.03	80.37	2760	66.93	88.56	2832	82.81
烟草制品业	0.66	24.90	1110	11.08	95.93	883	17.09
纺织业	7.47	147.25	6952	123.26	80.71	8110	177.33
纺织服装、服饰业	3.57	53.07	2713	45.64	15.75	3253	66.96
皮革、毛皮、羽毛及其制品和制鞋业	1.57	26.39	1059	23.30	9.68	1547	31.82
木材加工和木、竹、藤、棕、草制品业	1.00	20.63	1014	17.74	17.95	1140	23.40
家具制造业	1.03	15.91	1069	13.15	3.52	1493	20.71
造纸和纸制品业	2.66	74.32	1812	65.39	74.13	1799	72.44
印刷和记录媒介复制业	1.44	25.15	1416	20.94	20.59	1537	27.85
文教、工美、体育和娱乐用品制造业	2.12	32.98	2461	28.51	9.15	3189	44.07
石油加工、炼焦和核燃料加工业	1.95	84.10	1865	61.87	233.38	1609	84.55

续表

行业	R&D 人员 (万人)	R&D 经费 (亿元)	项目数 (项)	项目经费支出 (亿元)	技术获取和技术改造 (亿元)	新产品开发项目数 (项)	新产品开发经费支出 (亿元)
化学原料和化学制品制造业	20.39	582.22	21385	493.39	491.43	20888	539.54
医药制造业	14.11	320.73	19604	246.50	130.23	20963	301.94
化学纤维制造业	2.12	64.04	1413	58.17	48.77	1769	89.09
橡胶和塑料制品业	7.71	173.99	8247	148.90	85.79	11680	205.58
非金属矿物制品业	9.09	176.23	7953	146.57	106.25	8167	174.31
黑色金属冶炼和压延加工业	13.54	610.92	9127	505.19	806.80	8526	583.36
有色金属冶炼和压延加工业	7.31	265.30	5836	219.93	257.93	5216	218.07
金属制品业	8.97	179.93	8848	151.21	66.20	10000	195.85
通用设备制造业	23.86	495.58	26517	409.18	259.90	31834	575.97
专用设备制造业	21.41	445.14	22309	378.53	215.17	26827	520.22
汽车制造业	25.28	754.77	21866	577.13	512.06	27385	820.34
铁路、船舶、航空航天和其他运输设备制造业	12.93	403.91	10409	270.90	137.60	18883	537.59
电气机械和器材制造业	30.55	741.66	32904	623.14	323.88	41549	954.20
计算机、通信和其他电子设备制造业	43.60	1132.06	31686	986.88	209.87	40465	1385.19
仪器仪表制造业	8.25	137.26	9080	113.96	54.16	11283	162.68
其他制造业	1.28	20.03	1325	15.81	9.88	1447	21.19
金属制品、机械和设备修理业	0.65	6.55	327	5.57	2.05	479	8.97
电力、热力生产和供应业	3.77	60.73	2793	39.40	236.77	1826	31.34
燃气生产和供应业	0.11	2.47	85	1.99	12.70	63	2.15
水的生产和供应业	0.25	3.17	208	2.11	17.75	131	2.23

续表

行业	R&D 人员 （万人）	R&D 经费 （亿元）	项目数 （项）	项目经费支出 （亿元）	技术获取和技术改造 （亿元）	新产品开发项目数 （项）	新产品开发经费支出 （亿元）
总计	302.86	7687.36	283562	6272.23	5013.17	329438	8337.64
6 个行政垄断行业	10.51	272.89	9374.33	173.04	603.89	5389	164.52
6 个行政垄断行业占比（%）	3.47	3.55	3.31	2.76	12.05	1.64	1.97
32 个竞争性行业占比（%）	96.53	96.45	96.69	97.24	87.95	98.36	98.03

资料来源：《中国科技统计年鉴》（2011—2013）。

（1）研发人员数

38 个工业行业 3 年平均投入研发人员 302.86 万人。其中，6 个行政垄断行业仅有 10.51 万人，占比 3.47%；而 32 个竞争性行业占比 96.53%。

6 个行政垄断行业中，投入研发人员最多的是电力、热力生产和供应业，3 年平均 3.77 万人；最少的是燃气生产和供应业，仅有 0.11 万人。

而 32 个竞争性行业中，投入研发人员最多的是计算机、通信和其他电子设备制造业，3 年平均 43.6 万人；最少的是黑色金属矿采选业，仅有 0.35 万人。

（2）R&D 经费

R&D 经费含内部和外部支出。38 个工业行业 3 年平均投入研发经费 7687.36 亿元。其中，6 个行政垄断行业仅有 272.89 亿元，占比 3.55%；而 32 个竞争性行业占比 96.45%。

6 个行政垄断行业中，投入 R&D 经费最多的是石油和天然气开采业，3 年平均投入 97.53 亿元；最少的是燃气生产和供应业，仅有 2.47 亿元。

而 32 个竞争性行业中，投入 R&D 经费最多的是计算机、通信和其他电子设备制造业，3 年平均 1132.06 亿元；最少的是黑色金属矿采选业，仅有 6.34 亿元。

（3）R&D 项目

38 个工业行业 3 年平均设立 R&D 项目 283562 项。其中，6 个行政垄断行业仅有 9374.33 项，占比 3.31%；而 32 个竞争性行业占比 96.69%。

6 个行政垄断行业中，设立 R&D 项目最多的是石油和天然气开采业，3 年平均设立 3313 项；最少的是燃气生产和供应业，仅有 85 项。

而 32 个竞争性行业中，R&D 项目最多的是电气机械和器材制造业，3 年平均 32904 项；最少的是黑色金属矿采选业，仅有 243 项。

（4）R&D 项目经费支出

38 个工业行业 3 年平均 R&D 项目经费支出 6273.23 亿元。其中，6 个行政垄断行业仅有 173.04 亿元，占比 2.76%；而 32 个竞争性行业占比 97.24%。

6 个行政垄断行业中，R&D 项目经费支出最多的是石油加工、炼焦和核燃料加工业，3 年平均支出 61.87 亿元；最少的是燃气生产和供应业，仅有 1.99 亿元。

而 32 个竞争性行业中，R&D 项目经费支出最多的是计算机、通信和其他电子设备制造业，3 年平均 986.88 亿元；最少的是黑色金属矿采选业，仅有 5.07 亿元。

（5）技术获取和技术改造费用

技术获取和技术改造费用含引进技术经费支出、消化吸收经费支出、购买国内技术经费支出和技术改造经费支出 4 部分。38 个工业行业 3 年平均支出技术获取和技术改造费用 5013.17 亿元。其中，6 个行政垄断行业仅有 603.89 亿元，占比 12.05%；而 32 个竞争性行业占比 87.95%。

6 个行政垄断行业中，技术获取和技术改造费用最多的是电力、热力生产和供应业，3 年平均支出 236.77 亿元；最少的是石油和天然气开采业，仅有 7.36 亿元。

而 32 个竞争性行业中，技术获取和技术改造费用最多的是黑色金属冶炼和压延加工业，3 年平均 806.8 亿元；最少的是金属制品、机械和设备修理业，仅有 2.05 亿元。

（6）新产品开发项目数及其经费

38 个工业行业 3 年平均新产品开发项目数 32.94 万项。其中，6 个行政垄断行业仅有 0.54 万项，占比 1.64%；而 32 个竞争性行业占比 98.36%。

6 个行政垄断行业中，新产品开发项目数最多的是电力、热力生产和供应业，3 年平均 1826 项；最少的是燃气生产和供应业，仅有 63 项。

而 32 个竞争性行业中，新产品开发项目数最多的是电气机械和器材制造业，3 年平均 41549 项；最少的是黑色金属矿采选业，仅有 122 项。

从新产品开发经费看，38 项工业行业 3 年平均经费 8337.64 亿元。其中，6 个行政垄断行业仅有 164.52 亿元，占比 1.97%；而 32 个竞争性行业占比 98.03%。

6 个行政垄断行业中，新产品开发经费最多的是石油加工、炼焦和核燃料加工业，3 年平均支出 84.55 亿元；最少的是燃气生产和供应业，仅有 2.15 亿元。

而 32 个竞争性行业中，新产品开发经费最多的是计算机、通信和其他电子设备制造业，3 年平均 1385.19 亿元；最少的是黑色金属矿采选业，仅有 3.22 亿元。

（六）创新直接产出贡献度

专利和新产品是衡量创新活动的另一个维度，见表 4-3。

1. 专利申请数量及发明专利申请数量

38 个工业行业 3 年平均申请专利 484184 个（申请发明专利 173867 个）。其中，6 个行政垄断行业仅有 18448 个（申请发明专利 6716 个），占比 3.81%（发明专利申请占比 3.86%）；而 32 个竞争性行业占比 96.19%（发明专利申请占比 96.14%）。

表 4 - 3 　　　　　2011—2013 年按行业分规模以上工业
企业创新产出情况一览表

行业	专利申请数（个）	发明专利申请数（个）	有效发明专利数（个）	新产品销售收入（亿元）	新产品销售收入占比（%）
煤炭开采和洗选业	2382	643	821	1121.68	3.42
石油和天然气开采业	2365	738	986	27.24	0.23
黑色金属矿采选业	479	230	373	35.62	0.40
有色金属矿采选业	217	84	108	242.09	4.33
非金属矿采选业	268	123	165	51.12	1.19
农副食品加工业	5874	2392	2365	1864.52	3.58
食品制造业	4669	1823	2305	874.25	5.44
酒、饮料和精制茶制造业	3245	844	1356	995.26	7.38
烟草制品业	1787	632	789	1489.29	19.82
纺织业	12083	2024	2265	3558.80	10.60
纺织服装、服饰业	5621	674	1214	1183.58	7.11
皮革、毛皮、羽毛及其制品和制鞋业	2931	418	561	619.86	5.69
木材加工和木、竹、藤、棕、草制品业	2320	585	939	301.78	2.66
家具制造业	4007	428	932	312.27	5.43
造纸和纸制品业	2989	901	1044	1175.34	9.47
印刷和记录媒介复制业	2039	617	999	361.56	7.59
文教、工美、体育和娱乐用品制造业	8133	930	2616	556.38	6.34
石油加工、炼焦和核燃料加工业	1365	747	1484	1848.72	4.72
化学原料和化学制品制造业	22915	12189	16900	7814.54	11.47
医药制造业	14405	8831	15041	2950.60	16.91
化学纤维制造业	2517	817	1028	1411.06	20.71
橡胶和塑料制品业	12876	3724	5117	2122.71	10.74
非金属矿物制品业	12072	3815	7682	1705.12	4.60
黑色金属冶炼和压延加工业	11456	4441	5704	5672.02	9.10

续表

行业	专利申请数（个）	发明专利申请数（个）	有效发明专利数（个）	新产品销售收入（亿元）	新产品销售收入占比（%）
有色金属冶炼和压延加工业	7856	3057	5581	5339.15	10.39
金属制品业	15913	4102	7510	2833.64	8.58
通用设备制造业	41500	11540	20147	5033.81	14.45
专用设备制造业	42703	13846	22096	5667.76	16.75
汽车制造业	36121	8595	12594	11397.19	24.98
铁路、船舶、航空航天和其他运输设备制造业	17638	5441	8072	9735.95	31.02
电气机械和器材制造业	70226	22216	31333	12216.92	22.06
计算机、通信和其他电子设备制造业	81085	46040	81247	20620.61	29.08
仪器仪表制造业	16323	5025	7919	1444.13	20.03
其他制造业	2269	576	878	246.46	6.51
金属制品、机械和设备修理业	605	184	252	80.14	8.89
电力、热力生产和供应业	12589	4479	3032	199.80	0.38
燃气生产和供应业	84	21	55	30.56	0.86
水的生产和供应业	258	98	127	9.78	0.74
总计	484184	173867	273640	113151.31	—
6 个行政垄断行业	18448	6716	6474	3605.38	—
6 个行政垄断行业占比（%）	3.81	3.86	2.37	3.19	—
32 个竞争性行业占比（%）	96.19	96.14	97.63	96.81	—

资料来源：《中国科技统计年鉴》（2011—2013）。

6 个行政垄断行业中，申请专利最多的是电力、热力生产和供应业，3 年平均申请 12589 个（申请发明专利 4479 个）；最少的是燃气生产和供应业，仅有 84 个（申请发明专利 21 个）。

而 32 个竞争性行业中，申请专利最多的是计算机、通信和其他电子设备制造业，3 年平均申请 81085 个（申请发明专利 46040 个）；最少的是有色金属矿采选业，仅有 217 个（申请发明专利 84 个）。

另外，值得注意的是，发明专利申请数占所有专利申请数比例最高的行业是医药制造业，3 年平均高达 61.31%，显示了该行业实质性创新最为活跃。比例最低的是家具制造业，仅有 10.67%。在行政垄断行业中，发明专利申请占比最高的是石油加工、炼焦和核燃料加工业，为 54.74%，超过其专利申请数的一半；最低的是燃气生产和供应业，为 25.4%。

2. 有效发明专利数

38 个工业行业有效发明专利 3 年平均 273640 个。其中，6 个行政垄断行业仅有 6474 个，占比 2.37%；而 32 个竞争性行业占比 97.63%。

6 个行政垄断行业中，有效发明专利最多的是电力、热力生产和供应业，3 年平均 3032 个；最少的是燃气生产和供应业，仅有 55 个。

而 32 个竞争性行业中，有效发明专利最多的是计算机、通信和其他电子设备制造业，3 年平均 81247 个；最少的是有色金属矿采选业，仅有 108 个。

3. 新产品销售收入及其占比

38 个工业行业新产品销售收入总和 11.32 万亿元，其中，6 个行政垄断行业仅有 3605.38 亿元，占比 3.19%；而 32 个竞争性行业占比 96.81%。

6 个行政垄断行业中，新产品销售收入最多的是石油加工、炼焦和核燃料加工业，3 年平均 1848.72 亿元；最少的是水的生产和供应业，仅有 9.78 亿元，当然这是由其行业特性决定的。

而 32 个竞争性行业中，新产品销售收入最多的是计算机、通信和其他电子设备制造业，3 年平均 20620.61 亿元；最少的是黑色金属矿采选业，仅有 35.62 亿元。

从新产品销售收入占主营业务收入的比例来看，行政垄断行业中，烟草制品业占比是最高的，达到 19.82%；最低的是石油和天然气开采业，仅有 0.23%，也是 38 个工业行业中最低的。

32 个竞争性行业新产品销售收入占主营业务收入比重普遍高于行政垄断行业，最高的是铁路、船舶、航空航天和其他运输设备制造业的 31.02%，最低的是黑色金属矿采选业的 0.4%。

（七）小结

通过上述研究，我们发现在 38 个工业行业中，无论是衡量创新投入的研发机构、研发经费和研发人员等指标，还是衡量创新产出的专利申请数、有效发明专利数、新产品销售收入占比等指标，6 个行政垄断行业均落后竞争性行业太多。即使排除属于高新技术产业的五大行业，行政垄断行业与同属传统行业的其他竞争性行业相比也远远落后。

二　行政垄断行业与竞争性行业直接创新效率的比较测度

专利数和新产品销售收入是衡量创新的产出指标，为考察各工业行业创新效率情况，根据 2012—2014 年《中国科技统计年鉴》提供的数据，就各投入产出数据进行直接比较，结果如表 4-4 所示。

表 4-4　　　2011—2013 年各工业行业投入产出效率一览表

行业	每亿元研发经费效率（个/亿元）			新产品销售收入效率		
	专利申请效率	发明专利申请效率	有效发明专利效率	与研发经费比值	与新产品开发经费比值	与技术获取和技术改造总经费比值
煤炭开采和洗选业	14.19	3.83	4.89	6.68	17.26	5.63
石油和天然气开采业	24.25	7.57	10.11	0.28	1.00	3.70
黑色金属矿采选业	75.46	36.26	58.86	5.62	11.05	3.34
有色金属矿采选业	10.53	4.08	5.26	11.75	40.88	9.61
非金属矿采选业	34.69	15.94	21.37	6.61	10.43	5.71
农副食品加工业	42.06	17.13	16.93	13.35	11.30	24.10
食品制造业	54.38	21.23	26.85	10.18	9.98	17.49

续表

行业	每亿元研发经费效率（个/亿元）			新产品销售收入效率		
	专利申请效率	发明专利申请效率	有效发明专利效率	与研发经费比值	与新产品开发经费比值	与技术获取和技术改造总经费比值
酒、饮料和精制茶制造业	40.38	10.50	16.87	12.38	12.02	11.24
烟草制品业	71.75	25.38	31.70	59.81	87.14	15.53
纺织业	82.06	13.75	15.38	24.17	20.07	44.09
纺织服装、服饰业	105.92	12.69	22.88	22.30	17.68	75.14
皮革、毛皮、羽毛及其制品和制鞋业	111.06	15.84	21.26	23.49	19.48	64.03
木材加工和木、竹、藤、棕、草制品业	112.46	28.35	45.54	14.63	12.90	16.82
家具制造业	251.87	26.88	58.58	19.63	15.08	88.70
造纸和纸制品业	40.21	12.13	14.05	15.81	16.22	15.85
印刷和记录媒介复制业	81.08	24.53	39.73	14.37	12.98	17.56
文教、工美、体育和娱乐用品制造业	246.62	28.19	79.33	16.87	12.62	60.82
石油加工、炼焦和核燃料加工业	16.23	8.89	17.65	21.98	21.87	7.92
化学原料和化学制品制造业	39.36	20.94	29.03	13.42	14.48	15.90
医药制造业	44.91	27.53	46.90	9.20	9.77	22.66
化学纤维制造业	39.30	12.76	16.06	22.03	15.84	28.93
橡胶和塑料制品业	74.00	21.40	29.41	13.96	11.82	28.32
非金属矿物制品业	68.50	21.65	43.59	10.68	10.80	17.72
黑色金属冶炼和压延加工业	18.75	7.27	9.34	12.22	12.80	9.25
有色金属冶炼和压延加工业	29.61	11.52	21.04	15.82	19.25	16.27

续表

行业	每亿元研发经费效率（个/亿元）			新产品销售收入效率		
	专利申请效率	发明专利申请效率	有效发明专利效率	与研发经费比值	与新产品开发经费比值	与技术获取和技术改造总经费比值
金属制品业	88.44	22.80	41.74	12.31	11.31	33.46
通用设备制造业	83.74	23.29	40.65	13.10	11.27	24.98
专用设备制造业	95.93	31.11	49.64	11.65	9.97	24.09
汽车制造业	47.86	11.39	16.69	21.99	20.24	32.42
铁路、船舶、航空航天和其他运输设备制造业	43.67	13.47	19.98	16.60	12.47	48.73
电气机械和器材制造业	94.69	29.95	42.25	17.29	13.44	39.60
计算机、通信和其他电子设备制造业	71.63	40.67	71.77	18.22	14.89	98.25
仪器仪表制造业	118.92	36.61	57.70	10.52	8.88	26.66
其他制造业	113.27	28.74	43.83	12.30	11.63	24.95
金属制品、机械和设备修理业	92.35	28.03	38.42	12.24	8.94	39.01
电力、热力生产和供应业	207.32	73.76	49.92	3.29	6.38	0.84
燃气生产和供应业	34.05	8.65	22.43	12.39	14.22	2.41
水的生产和供应业	81.43	30.93	40.19	3.09	4.39	0.55
总计	2902.92	815.61	1237.80	562.26	592.74	1022.29
6个行政垄断行业	435.03	155.18	172.00	100.83	135.00	30.95
6个行政垄断行业占比（%）	14.99	19.03	13.90	17.93	22.77	3.03
32个竞争性行业	2467.90	660.43	1065.80	461.43	457.74	991.34
32个竞争性行业占比（%）	85.01	80.97	86.10	82.07	77.23	96.97

（一）专利申请效率

通过考察专利"数量"与研发投入情况之间的关系，考察其投入产出效率，但是，这里仅仅考察专利的"数量"，而对于专利的"效益"并不能用数量来衡量。另需注意的是，研发费用并非全部用于专利申请，也并不一定全部专利都对应地来自研发经费。总体来看，两种类型行业专利创新能力相差无几。

1. 专利申请效率

该指标衡量的是每亿元研发经费支出所产生的专利申请效率，单位为个/亿元。

总体来看，6 个行政垄断行业每亿元专利申请总数为 435.03 个，占全部工业行业的 14.99%；而 32 个竞争性行业每亿元专利申请总数为 2467.9 个，占全部工业行业的 85.01%。

具体来讲，6 个行政垄断行业中最高的是电力、热力生产和供应业，为 207.32 个/亿元；最低的是石油加工、炼焦和核燃料加工业，为 16.23 个/亿元。

32 个竞争性行业中，最高的是家具制造业，为 251.87 个/亿元（也是全部行业最高值）；有色金属矿采选业效率最低，仅为 10.53 个/亿元（也是全部行业最低值）。

2. 发明专利申请效率

该指标衡量的是每亿元研发支出所产生的发明专利申请效率，单位为个/亿元。

总体来看，6 个行政垄断行业每亿元发明专利申请总数为 155.18 个，占全部工业行业的 19.03%；而 32 个竞争性行业每亿元发明专利申请总数为 660.43 个，占全部工业行业的 80.97%。

具体来讲，6 个行政垄断行业中最高的是电力、热力生产和供应业，为 73.76 个/亿元（也是全部行业最高值）；最低的是石油和天然气开采业，为 7.57 个/亿元。

32 个竞争性行业中，最高的是计算机、通信和其他电子设备制造业，为 40.67 个/亿元；煤炭开采和洗选业最低，仅为 3.83 个/亿元（也是全部行业最低值）。

3. 有效发明专利效率

该指标衡量的是每亿元研发支出所产生的有效发明专利效率，单位为个/亿元。

总体来看，6 个行政垄断行业每亿元有效发明专利总数为 172 个，占全部工业行业的 13.9%；而 32 个竞争性行业每亿元有效发明专利总数为 1065.8 个，占全部工业行业的 86.1%。

具体来讲，6 个行政垄断行业中最高的是电力、热力生产和供应业，为 49.92 个/亿元；最低的是石油和天然气开采业，为 10.11 个/亿元。

32 个竞争性行业中，最高的是文教、工美、体育和娱乐用品制造业，为 79.33 个/亿元（也是全部行业最高值）；煤炭开采和洗选业最低，仅为 4.89 个/亿元（也是全部行业最低值）。

（二）新产品销售收入效率

通过考察新产品销售收入与各投入项目的比值，考察创新效率。当然，这些费用并非全部用于新产品，也并不一定全部新产品都实现了销售收入。总体来看，两种类型行业专利创新能力相差不大。

1. 研发经费

该指标衡量的是新产品销售收入与研发经费的比值，对应的是研发经费产生的新产品销售收入效率。

总体来看，6 个行政垄断行业研发经费效率为 100.83，占全部工业行业的 17.93%；而 32 个竞争性行业为 461.43，占全部工业行业的 82.07%。

具体来讲，6 个行政垄断行业中最高的是烟草制品业，为 59.81（也是全部行业最高值）；最低的是石油和天然气开采业，为 0.28（也是全部行业最低值）。

32 个竞争性行业中，最高的是纺织业，为 24.17；黑色金属矿采选业最低，仅为 5.62。

2. 新产品开发经费

该指标衡量的是新产品销售收入与新产品开发经费的比值，对应的是新产品开发经费产生的新产品销售收入效率。

总体来看，6 个行政垄断行业新产品开发经费效率为 135，占全部工业行业的 22.77%；而 32 个竞争性行业为 457.74，占全部工业行业的 77.23%。

具体来讲，6 个行政垄断行业中最高的是烟草制品业，为 87.14（也是全部行业最高值）；最低的是石油和天然气开采业，为 1.00（也是全部行业最低值）。

32 个竞争性行业中，最高的是有色金属矿采选业，为 40.88；仪器仪表制造业最低，仅为 8.88。

3. 技术获取和技术改造总经费

该指标衡量的是新产品销售收入与国内外技术引进、吸收、改造经费的比值，对应的是技术获取和改造经费产生的新产品销售收入效率。

总体来看，6 个行政垄断行业技术获取和技术改造总经费效率为 30.95，占全部工业行业的 3.03%；而 32 个竞争性行业为 991.34，占全部工业行业的 96.97%。

具体来讲，6 个行政垄断行业中最高的是烟草制品业，为 15.53；最低的是水的生产和供应业，为 0.55（也是全部行业最低值）。

32 个竞争性行业中，最高的是计算机、通信和其他电子设备制造业，为 98.25（也是全部行业最高值）；黑色金属矿采选业最低，仅为 3.34。

（三）小结

总体来看，两种类型行业专利创新能力相差无几。

三　本章小结

经测算，在 38 个工业行业中，无论是衡量创新投入的研发机构、研发经费和研发人员等指标，还是衡量创新产出的专利申请数、有效发明专利数、新产品销售收入占比等指标，6 个行政垄断行业均落后于竞争性行业太多。即使排除属于高新技术产业的 5 大行业，行政垄断行业与同属传统行业的其他竞争性行业相比也远远落后。

第五章 所有制类型与创新能力差异的测度比较

——基于中国汽车零部件及配件制造业上市公司的微观数据①

近期，以混合所有制改革为基调的国有企业改革方案据媒体报道已经出炉，现在正紧锣密鼓地推进，仿佛"私有化"不成转而搞混合所有制才是当前国企改革的唯一出路，而嗅觉灵敏的学界早已把混合所有制作为各式研究的热点之一。推动国企改革的原因之一就是其创新性差，甚至部分现有文献认为，与其他所有权性质的企业相比，国有企业的创新能力"最低"。如安同良等（2006）发现国有和集体所有制企业的研发强度最差、研发频率较低、组织性差，甚至，国有产权比重对知识生产效率具有负效应（吴延兵，2006）。随后，吴延兵（2012，2014）通过实证研究认为，国有企业技术创新能力最弱，而且，在创新投入、创新效率和生产效率上均没有竞争力，并进一步判断产权性质差异是导致不同类型所有制企业技术创新能力差异的主要原因；周黎安、罗凯（2005）发现非国有企业具备一定的企业规模会对创新产生显著的促进作用，而国有企业则不会；等等。曾是历史选择的国有经济缘何成了创新的桎梏？

国有企业之所以创新能力低就是因为其产权属性？这种结论是对所使用样本的大体、笼统的总结还是根源探究？本章将通过测算国有和私有两种类型上市公司的 Malmquist 指数，对比分析两种产权性质

---

① 本章内容发表在《科技管理研究》2017 年第 2 期，题目是《所有制类型与创新能力差异的测度比较——基于中国汽车零部件及配件制造业上市公司的微观数据》。

的企业技术进步的优劣来进一步考查该判断。本章第一部分为文献述评；第二部分为评价指标与样本数据选择；第三部分为测算结果及其分析；第四部分为结论。

一 文献述评

（一）国有企业的范围界定太过狭隘，研究过程与所得结论之间不存在确定的关系

安同良等（2006）的研究依据是 2000—2002 年江苏省制造业企业的样本数据，但是其研究存在的问题有二：其一，他对国有企业类别的划分值得商榷，其划分的第一类就是国有和集体所有制公司，而他将注册为股份公司的国有和集体企业划为非国有及集体所有制公司的第二类。这与吴延兵（2014）划分的国有企业比较一致，而吴延兵（2014）将股份有限公司划分为混合所有制企业。毫无疑问，上市公司作为股份有限公司，其产权属性是混合所有制①，但是，如果股份公司的控股股东是国有或者集体法人，就意味着掌控其产权决定权的是国有法人，其产权属性更应认定为公有制，尽管在理论上仍可将其认定为混合所有制，但其控股权的权属决定了其产权的根本特性。以此类推，控股权是私人的股份公司，尽管也是"混合"所有制，但也应认定为私有制。其二，安同良等（2006）的统计数据只是表明了国有企业在 R&D 强度、R&D 频率、R&D 主体、R&D 方向和 R&D 投入方面的劣势，但并不能因此就认定这些劣势源于其国有产权属性，因为它们之间的因果关系仍有待研究，其后的多元回归计量检验使用工具变量的办法检验所有制与 R&D 强度之间的关系，结论却是："总体而言，R^2 的值较低，表明模型中很大一部分方差未被解释。"显然，作者对此的解释非常牵强，自己也认为各变量之间"线性关系不明

---

① 混合所有制指的是国有资本或者集体资本与私人所有的资本混合在一起，那么，单一的私人所有或者单一的国有或者集体所有显然都不能称为混合所有制。

显"，也就是其线性假设可能有问题，这也导致了其研究结论的参考价值存疑。

（二）区分所有制类型研究得到的都是"笼统"结论，并没有照顾到特殊案例

显然，利用某个时期的阶段宏观数据或中观数据，测算所得的结论就是"该时期"宏观的或中观的结论，或者说就是"该时期"一般的、笼统的结论，那么，这会不会否定另一时期或者该时期某些微观个体的特征呢？也就是说，利用微观数据进行研究所得出来的结论会不会出现个例——部分拥有国有产权属性的国有企业创新能力较强，或者其他时期会较强？显然，应该用辩证、全面、发展的视角开展研究。

安同良等（2006）使用的是通过问卷调查得到的江苏省 2001 年制造业行业的微观数据，但得出的结论是区分所有制类型的"笼统"结论。吴延兵 2006 年的研究使用的是《中国科技统计年鉴》1993—2002 年中国"分行业"大中型工业企业数据，而在其确定国有产权比重指标时，由于没有确定数据，使用的是行业大中型工业企业（国有）总产值占行业工业企业总产值的比重来替代行业大中型工业企业的国有产权比重①，并自我评价"由于国有企业往往集中在大中型工业企业中，所以这一替代性指标实际上是低估了大中型工业企业的国有产权比重，这样在回归分析中产权变量对因变量的影响作用就可能变得弱一些"。那么，该文给出的"国有产权对知识生产效率具有负效应"的论断显然就是牵强的。吴延兵 2012 年的研究使用的是《中国科技统计年鉴》1998—2003 年中国 31 个省（市、区）大中型工业企业行业对应的国有、民营、外资企业的数据，显然，得出来的结论也是整体上三种所有制类型的创新性优劣的"笼统"结论。

---

① 原文"由于《中国科技统计年鉴》和《中国统计年鉴》中没有分行业大中型国有工业企业总产值（固定资产净值年平均余额）的数据，所以不能对国有产权比重进行精确衡量。作为替代性指标，我们用行业国有工业企业总产值（固定资产净值年平均余额）占行业工业企业总产值（固定资产净值年平均余额）的比重来代表行业大中型工业企业的国有产权比重"显然表述有误，因为对应年份《中国科技统计年鉴》中提供了分行业大中型国有工业企业总产值的数据，而没有提供对应固定资产净值年平均余额的数据。

吴延兵（2011）注意研究了不同时间阶段产权性质与生产率之间关系的变化，为考察 2000 年以来国有企业良好的财务绩效表现是否意味着它们已经摆脱了产权束缚，以反映国有企业改革尤其是公司治理机制的完善对其创新与绩效的影响，他使用中国社会科学院经济研究所 2005—2006 年对江苏无锡、四川成都、广东江门、辽宁沈阳和河南郑州 5 个市共 1000 多家企业进行调研所得到的 2000—2004 年的微观数据，运用静态比较和计量回归进行研究，得出的结论是"在 4 种产权类型企业中，国有企业的技术效率最低，但生产率增长较快，且生产率增长主要来源于效率改善"。这里，结论仍然是"笼统的"，没有提及个别企业特殊的情况。在吴延兵（2011）该项研究中综述了 Murakami、Naoki、Deqiang Liu 和 Keijiro Otsuka（1994），Zheng、Jinghai、Xiaoxuan Liu 和 Bigsten Arne（1998），Zhang、Anming、Yimin Zhang 和 Ronald Zhao（2001）三个研究团队的研究，他们运用的数据分别是中国 1985 年和 1990 年服装行业的企业数据、1986—1990 年 7 个产业的企业数据、1996—1998 年企业数据，得出的结论都是"国有企业的技术效率是最低的"。显然，这些都是"笼统"的论断。

吴延兵（2014）使用《中国科技统计年鉴》2001—2010 年的数据，得出了"混合所有制企业技术创新能力最强，国有企业技术创新能力最弱"的"笼统"结论。

（三）辩证分析国有企业的创新能力和效果并不差

但是，与他们的研究结论相反，聂辉华等（2008）利用 2001—2005 年中国规模以上工业企业数据，发现与其他所有制企业相比，国有企业具有更多的创新活动，并且这种相对优势伴随企业规模变大而更加显著。但是，国有企业的创新效率较低，私营企业的创新效率较高。陈林等（2011）使用 2005—2006 年中国工业企业数据库，同时根据国有经济比重大小对研究对象进行样本分组，假设产业的国有经济比重与行政进入壁垒强弱正相关，研究发现"熊彼特假说"在行政进入壁垒产业中成立，并进一步推断："当社会选择了行政进入壁垒，从长远来看，熊彼特假说将最终成立——越垄断越创新，企业规模理应越来越大，国有企业越大越好，私营寡头企业的国有化也自然是理所当然的事情。"而在自由市场中则完全相反。随后，陈林等（2011）研究发现在不同的产业发展阶段，创新与垄断的关系是动态变化的；从长远看，创新与垄断正相关，熊彼特假说成立。

（四）经济人假设的假设即人性自利特质之"衡态"是否存在悖论

经济人假设的潜在假设是"人性的自利特质不可变更"，而汪丁丁（1998）认为作为经济学家信条的"经济人"假设的理性主义基础已经发生了危机，何况，早在1974年加里? 贝克尔就证明了利他主义的存在性。在人类历史的长河中，利己主义和利他主义经过无限次重复博弈都已经成为当代人类理性主义选择的前提假设，叶航等（2005）认为自私并不是人类"唯一"的天性，人类心智和人类行为不但与自利心相容，而且也与利他心相容，进一步"超越囚徒困境中个体理性的局限，谋求合作和合作剩余，可能是我们人类行为、人类心智与人类社会包括人类文化与人类制度共生演化的最终原因。"

鉴于此，中国历经三十多年的国有企业改革所带来的公司治理制度和机制等方面的变革是否已经使管理者至少是部分克服（疏导）了纯"利己主义"桎梏呢? 如果一味相信"利他主义"的"天下为公""全心全意为人民服务"等仅仅是政治欺骗，那么这一判断本身也仅仅是判断者本人坚持人性自利特质而忽视"利他主义"的写照；或者，在国企治理中即使仍不存在"利他主义"，但恰当的公司治理、公司管理也能够克服诸多个体的利己主义，并将之转化为客观、外在的集体的利他主义，从而使得国有企业的创新能力并不比私有企业差。对此，本书的实证分析将给出一个不同的回答。

二　评价指标与样本数据选择

（一）评价指标：Malmquist 指数

1. 模型的理论依据

索洛剩余的提出，使得学界明确了科学技术是继资本和劳动之外第三个经济运行和增长的源泉，进一步的生产理论研究认为，这三种要素及其互相结合效果的变动就构成了经济"变动"的源泉，也即周瑞明（2009）所提及的资本和劳动两种要素投入的增加、技术进步导致的技术效率增进。传统生产理论认为企业产出的增长源于两部分：一是投入要素的增加，即生产沿着原生产函数进行；二是技术进步及其引致的技术效率变化，也即生产函数发生的转变。后者就是学界所称的全要素生产率（Total Factor Productivity，TFP），衡量的是产出增长中除掉所有有形投入要素（主要是资本和劳动）之后的技术的生产率。那么，测算出后者就实现了本研究的目的。

由于在实际经济运行中，企业总是按照完全效率生产仅仅是一个理论值，或者说并非所有企业都位于最优生产函数的前沿面，以及所在生产函数的前沿面上，这是因为，企业之间是否实现了技术进步存在差别，并且，即使实现了技术进步，运用该技术进步的效率也存在差别。第一个差别就是两个生产函数前沿面之间的差距，即技术进步（TC，或称技术变化）；第二个差别就是所在生产函数潜在产出水平与实际产出水平之间的差距，它对应着技术效率（EC，或称综合效率）；这两个差的乘积就是我们要测算的全要素生产率（TFP）。

2. Malmquist Index

在实际经济运行中，每个企业本身就是一个决策单元，适用由Fare 等（1994）改造的 DEA 方法来构造在每一个时期中国某行业的生产函数，以便确定生产前沿面，而把每一个企业的实际生产同该行业最佳前沿面进行比对，就可以测度其创新情况。

参照 Fare 等（1994）的研究方法，设定 t 时期技术为 A^t 的产出距离函数为：

$$D_i^t(x^t y^t) = inf[\theta：(x^t，y^t/\theta) \in A^t] = \{sup[\theta：(x^t，y^t) \in A^t]\}^{-1}$$

其中，D 表示距离函数；x 为各投入要素；y 为各对应时期的产出；$A^t = [(x^t，y^t)：x^t$ 能够生产 $y^t]$，表示在时期 $t = 1，2，\cdots，t$；将投入 $x^t \in R_+^N$ 转化为 $y^t \in R_+^M$。

不同时期的距离函数为：$D_0^t(x^{t+1} y^{t+1}) = inf[\theta：(x^{t+1}/\theta) \in A^t]$，用来测度在 t 期技术条件下某一生产点$(x^{t+1}，y^{t+1})$向最大产出点逼近的程度。

随之设定两个 Malmquist Index：

$$M_0^t = D_0^t(x^{t+1}, \ y^{t+1})/D_0^t(x^t, \ y^t)$$

$$M_0^{t+1} = D_1^{t+1}(x^{t+1}, \ y^{t+1})/D_1^{t+1}(x^t, \ y^t)$$

M_0^t 是基于 t 期技术条件下源于 t 和 $t+1$ 之间技术效率变化所导致的全要素生产率变化。M_0^{t+1} 是基于 $t+1$ 期技术条件下源于 t 和 $t+1$ 之间技术效率变化所导致的全要素生产率变化。

Malmquist Index 可以被分解为技术进步和技术效率变化两部分。本章借助于 Fare 等（1994）的思路，用两个曼奎斯特生产率指数的几何平均值来测算全要素生产率的变化：

$$M_0(x^{t+1}, \ y^{t+1}, \ x^t, \ y^t) = (M_0^t M_0^{t+1})^{1/2} \left\{ \left[\frac{D_0^t(x^{t+1}, \ y^{t+1})}{D_0^t(x^t, \ y^t)} \right]\left[\frac{D_1^{t+1}(x^{t+1}, \ y^{t+1})}{D_1^{t+1}(x^t, \ y^t)} \right] \right\}^{1/2}$$

$$EC(x^{t+1}, \ y^{t+1}, \ x^t, \ y^t)TC(x^{t+1}, \ y^{t+1}, \ x^t, \ y^t)$$

其中，$EC(x^{t+1}, \ y^{t+1}, \ x^t, \ y^t)$ 是在规模报酬不变（CRS）条件下的技术效率变化，即 t 至 $t+1$ 期每个企业对最佳生产前沿面的追赶效应。$TC(x^{t+1}, \ y^{t+1}, \ x^t, \ y^t)$ 表示技术进步，即 t 至 $t+1$ 期生产前沿面或者技术边界的变化，也就是前沿面移动效应或增长效应。当对应规模报酬可变（VRS）的生产前沿面时，可以将技术效率变化进一步分解为纯技术效率变化（PEC）和规模效率变化（SEC）两部分：

$$M_0(x^{t+1}, \ y^{t+1}, \ x^t, \ y^t) = \frac{D_0^{t+1}(x^{t+1}, \ y^{t+1})}{D_0^t(x^t, \ y^t)} \times$$

$$\left[\frac{D_0^t(x^{t+1}, \ y^{t+1})}{D_0^{t+1}(x^{t+1}, \ y^{t+1})} \frac{D_0^t(x^t, \ y^t)}{D_0^{t+1}(x^t, \ y^t)} \right]^{1/2}$$

$$= EC \times TC = (PEC \times SEC) \times TC$$

各指标与 1 大小的比较分别表示其是进步、不变还是落后。这样，Malmquist Index 就可以测定全要素生产率变化的两个不同来源：创新带来的技术边界变化和对最佳生产前沿面的追赶带来的技术效率变化。本章将之用于国有和私有企业之间创新能力大小的对比分析①。

（二）国有企业的界定、样本和数据选择

本章研究的是所有制与创新之间的关系，而所有制属性更具体地

---

① 创新与技术进步和技术效率并不等同，但它们却是创新的一个重要衡量指标。

落实在企业层面，或者说，所有制性质的落脚点是微观企业。本章使用的数据来源于竞争性行业中的上市公司，而上市公司在国外一般被认为是公众公司——也就是混合所有制企业。但考虑到其实际控制权，国有控股达到一定标准的混合所有制企业仍应被认为是国有企业；相应地，即使国有参股，但控股方为私人的企业就应被认定为私有制企业。

那么，通过研究不同所有制类型企业以及它们的创新情况或者创新速度和趋势，就可以判断所有制属性对创新有无影响或者影响大小，这样也就相应验证了是否国有产权是其创新能力最低的根本原因。由于在一个行业中，投入要素基本相同，而如果该行业属于竞争性行业的话，其行业内部的生产函数也同样基本相同，吴延兵（2011）假定每个行业都有其自身的最佳生产前沿面，用该行业中的企业与该行业最佳生产前沿面相比，从而得到每个企业的技术效率变化和生产效率变化，由此所测得的比较结果显然具有可信力。显然，只需要一个混合所有制行业的样本企业就足够了，本章将控股股东为国有的视为公有制产权或称国有产权，相对应地，控股股东为私人的视为私有产权。

综合权衡中国现存的大部分竞争性行业的资产规模、劳动者人力资本水平、技术水平、竞争程度等因素，同时考虑该行业的上市公司应具有一定的数量和较长的上市时间，剔除水平偏下的和水平偏上的行业，本章拟采用的汽车零部件及配件制造业在市场结构上属于竞争性行业，在所有制类型上属于混合所有制行业，符合研究目的和要求。该行业在中国 A 股市场共有 57 家上市公司，为保证数据的历史性和连贯性，从中选取自 2007 年以来上市的样本，共 31 家；鉴于上市公司在理论上讲都是混合所有制，本章依据国家统计局《关于统计上对公有和非公有控股经济的分类办法（2006）》，确定其中有 15 家国有企业，11 家私有企业。具体数据采集自相应上市公司年度报告。

（三）投入产出指标的设定

1. 产出项：营业收入 Y

衡量汽车零部件及配件制造业产出量的是各上市公司的年度营业

收入。

2. 投入项：总资产 $X1$、劳动力人数 $X2$

多数学者依据柯布—道格拉斯生产函数（$Y = AK^{\alpha}L^{\beta}$）和索洛剩余的设计理念，在考虑投入项时将固定资产或者资本存量作为第一个主要投入项。问题是如果对应的产出是营业收入或者 GDP，很显然，固定资产或者资本存量项不能完全涵盖理论上的"资本"投入项，因为固定资产或者资本存量仅仅是除劳动力投入项之外投入的一部分，它无法对应作为产出项的营业收入或者 GDP。因此，本章使用总资产作为第一个投入项，记作 $X1$。选取各上市公司的员工总数作为第二个投入项，记作 $X2$。

（四）消胀指标

为消除价格变动的影响，将国家统计局公布的 1990—2013 年工业生产者出厂价格指数的环比指数换算为 1990 年定基指数，用于消除营业收入受通货膨胀的影响；而对于总资产，直接采用 1990 年为基期的固定资产投资价格指数进行消胀。

三　测算结果及其分析

具体测算中，样本企业生产函数前沿面的确定分两种情况：一是将国企和私企按照各自所属类型的生产函数最佳生产前沿面分别进行测算，之后对比两种所有制类型各自的总体情况；二是不区分所有制类型，将所有样本企业作为一个整体，按照统一的生产函数前沿面测算对比。运用 Deap2.1 软件，采用 2007—2013 年的数据，进行产出导向规模收益可变（VRS）的 Malmquist 指数测算，所得结果如表 5 - 1 所示。

（一）总体对比发现，国有企业创新能力实则"微高"

依据表 5 - 1 所得测算结果，重点考察技术进步（EC，前沿面移动效应）、纯技术效率变化（PE）这两项表征创新能力的指标，分两种情况进行对比分析：

表 5 – 1　　　2007—2013 年国有企业和私有企业创新指标对比

	企业	技术效率变化（EC）	技术进步（TC）	纯技术效率变化（PE）	规模效率变化（SE）	全要素生产效率变化（TFP）
私企	天兴仪表	0.962	1.024	1.000	0.962	0.985
	福耀玻璃	1.033	1.026	1.057	0.977	1.059
	模塑科技	1.071	1.032	1.073	0.998	1.105
	恒立实业	1.015	1.035	1.053	0.965	1.051
	万丰奥威	1.051	1.036	1.051	1.000	1.089
	巨轮股份	1.020	1.040	1.016	1.003	1.060
	博盈投资	0.847	1.040	0.836	1.013	0.881
	特尔佳	1.002	1.043	1.000	1.002	1.045
	银轮股份	0.930	1.051	0.924	1.006	0.978
	万向钱潮	1.018	1.056	1.027	0.992	1.075
	宁波华翔	0.999	1.057	1.008	0.992	1.056
国企	浩物股份	1.068	1.014	1.174	0.909	1.083
	潍柴动力	0.884	1.017	0.972	0.910	0.899
	西仪股份	0.927	1.018	0.954	0.972	0.943
	凌云股份	0.949	1.020	0.945	1.004	0.968
	贵航股份	0.985	1.020	0.981	1.004	1.005
	渤海活塞	0.946	1.027	0.953	0.992	0.972
	威孚高科	0.935	1.028	0.933	1.002	0.961
	东风科技	1.041	1.028	1.042	0.999	1.070
	航天晨光	1.052	1.034	1.051	1.001	1.088
	成飞集成	0.966	1.039	0.942	1.025	1.003
	中航机电	0.970	1.048	0.970	1.000	1.016
	交运股份	1.048	1.049	1.054	0.995	1.100
	一汽富维	1.000	1.051	1.000	1.000	1.051
	长春一东	0.953	1.056	0.971	0.981	1.007
	华域汽车	1.208	1.165	1.168	1.034	1.407
分类测算	私企平均	0.983	1.068	0.989	0.995	1.050
	国企平均	0.993	1.040	0.980	1.013	1.032
统一测算	私企平均	0.995	1.040	1.004	0.992	1.035
	国企平均	0.995	1.041	1.007	0.989	1.038
	全部平均	0.993	1.040	1.003	0.990	1.033

1. 国企和私企各自作为一个整体，按照各自所属的生产函数前沿面对比

将国企和私企按照各自所属类型的生产函数最佳生产前沿面分别进行测算（也就是先分类，再各自测算），结果是：国企与私企总体创新能力相差并不大，其中，国企仅比私企的技术变化（技术进步）指标低 0.028，纯技术效率低 0.009。就全要素生产率（TFP）也就是技术效率与技术进步的乘积来看，国企比私企也仅仅低 0.028。而国企的技术效率指标优于私企，也就是发挥现有技术水平的追赶效应高出 0.01。

显然，单凭如此微弱的优势，仅可以得出私有企业创新能力"微高"的结论。

2. 所有样本企业作为一个整体，按照统一的生产函数前沿面对比

将国企和私企按照统一的也就是唯一的生产函数最佳生产前沿面进行测算，然后将国企和私企的相关指标取平均数（也就是先统一测算，对结果再按两种类型取平均），结果是：国企与私企总体创新能力相差仍旧不大，但却跟前一种分类方式相反：国企"微高"。分指标来看，技术效率指标，国企与私企持平，均为 0.995；技术进步指标，国企比私企高出 0.001；纯技术效率指标，国企比私企高出 0.003；全要素生产率指标，国企比私企高出 0.003。而规模效率指标国企比私企低 0.003。

整体来看，国企创新能力"微高"。

3. 按照统一的市场标准对比，国企创新能力"微高"

上述两种对比得出了截然相反的结论，表面上国有企业创新能力"微低"与"微高"的情况同时存在，貌似矛盾。但在实际经济中，作为竞争性行业的汽车零部件与配件制造业所有企业共同、同时处于统一的市场中，它们的最佳生产函数前沿面应该是唯一的，也就是说，无论是考查前沿面移动效应还是追赶效应都应该按照统一的最佳生产前沿面进行。因此，整体来看，国企比私企创新能力"微高"。

（二）细分企业对比发现，国企与私企各有千秋

对 26 家上市公司逐一比较，我们发现技术进步最低的后五位依

次确实是"国有"的浩物股份 1.014、潍柴动力 1.017、西仪股份 1.018、凌云股份 1.020、贵航股份 1.020，但是，最高的却是"国有"的华域汽车 1.165，次高的是"私有"的宁波华翔 1.057，然后是"国有"的长春一东 1.056、"私有"的万向钱潮 1.056、"国有"的一汽富维 1.051，也就是说，前五位有三家是"国有"企业。就技术进步这一主要创新指标而言，不能得出国有企业创新能力差的笼统结论。

再来对比纯技术效率变化，排前五位的依次是"国有"的浩物股份 1.174、"国有"的华域汽车 1.168、"私有"的模塑科技 1.073、"私有"的福耀玻璃 1.057、"国有"的交运股份 1.054，也就是说"国有"公司依然占据 3/5，而且，前两位都是"国有"企业，后两位"巧合"是"私有"的博盈投资 0.836 和银轮股份 0.924。显然，也不能得出国有企业创新能力差的笼统结论。

进一步研究表 5 - 1 中的其他指标，我们发现国有企业技术效率变化、规模效率变化和全要素生产效率变化等指标并非全部最低，个别国企甚至是最高的，如华域汽车这三个指标分别为 1.208、1.034 和 1.407。由于全要素生产率（TFP）衡量的是除去所有有形生产要素以外的纯技术进步的生产率的增长，该指标当然包含了技术进步也就是创新的效果，那么，全要素生产率变化前五家有三家是国有企业，我们就不能简单地笼统判定国有企业创新能力最低。

显然，我们不能再简单地坚持"国有企业创新能力低"这一判断，至少，其他学者的结论忽视了部分或个别国企创新能力更高这种客观事实，因而必然是片面的。

四　结　论

（一）在汽车零部件及配件制造业，国企创新能力更高，这与"国企创新能力最低"成为悖论

为了全面研究所有制类型与创新之间的关系，使用 2007—2013

年共 7 年属于竞争性行业的汽车零部件及配件制造业共 26 家上市公司的年报财务数据，测算其 Malmquist 指数，得到两个结论：一是整体对比，国企创新能力"微高"；二是细分企业对比各有千秋，而且部分国企的创新能力指标明显优于私企。这都足以否定"产权属性导致国有企业创新能力最低"这一片面判断。

本章仅仅是抽样选取了一个竞争性工业行业 26 家上市公司的数据，而其他学者采用的是较为全面的行业企业数据，尽管都使用了经过验证的既有理论模型和研究方法，得出的结论却恰恰相反。这是由于其他学者的结论至少忽视了部分或个别国企创新能力更高这种客观事实，因而其结论必然是片面的。在目前还不能互相否定的情况下，我们只能认为这两种相互矛盾的判断互为悖论。

（二）非此即彼的传统经济学"点理性"思维和判断研究模式是否应适时变通和调整

政治经济学主张通过建立公有制来克服私有制条件下市场经济的自发性、盲目性、滞后性，这是中国建立公有制国有企业的理论渊源。然而，进入 20 世纪八九十年代，公有制经济运行中出现了一系列自身难以克服的重大问题，苏联、东欧、中国等经济体都进行了一系列的探索、摸索与改革，而苏联和东欧剧变，欧美发达国家却蒸蒸日上，尤其是随着其他西方经济学流派的传入和普及，导致中国的一部分学者似乎走向了"非此即彼"的另一个极端，他们借助完全利他主义的经济人假设和分析方法，开始全盘否定公有制尤其是国有企业的国有产权。

诸如"国有企业的公有产权属性决定了国企经营者行为具有短期化特征，没有激励致力于有利于企业长期发展的技术创新，从而导致国有企业技术创新能力最弱。非国有企业有明晰的产权结构，有明确承担责任的企业监管人，权利与责任相对应，从而激励资本所有者追求资本使用效益的最大化，追求企业的长期竞争力和可持续发展。非国有企业人格化产权性质决定了其有技术创新及提高效率的内在激励，因而非国有企业的技术创新能力强于国有企业"（吴延兵，2014）这样的论断显然是依据经济人纯"利己主义"假设得出的，这符合景玉琴（2008）对传统经济学理论"点理性"的判断：它容易陷入非此即彼的极端——要么理性，要么非理性。

（三）是所有制属性还是人性取舍导致国有企业创新能力"低"或"高"

显然，这一问题本身就陷入了非此即彼的静态单向循环逻辑误区，而这已经成为一种普遍的学术思维习惯。其实，也可能是它们之间的相互、综合作用共同导致了所谓国有企业创新能力低下或者高企——历史上都不乏证据。

在纯利己主义的经济人假设下，公有制无法克服人的自利性，抑制创新，导致资源配置无效率，而私有制却能利用人的自利性，激发创新潜能，带来资源配置的高效率，试问，这里的高效还是低效是取决于所有制类型还是人性的选择？其实，公有制还是私有制只是资源权属的两种方式，而如何有效地利用资源并使其发挥最大价值直接取决于资源的管理运营方式（因为恰当的管理运营方式能够发挥人性的优点，约束人性的缺点），并不绝对地取决于所有制类型。只不过实行公有制的经济体在某个或某些阶段的历史实践与实行私有制经济体的效果差距太大，使得所有制成为经济学界诟病的标靶①，而忽视了人性取舍这个古今中外普遍存在的社会学问题。

随之而来的推断是，国有产权不一定是国有企业创新能力最低的唯一原因，更可能是所有制属性选择与人性取舍纠缠在一起的综合作用，而在特定历史条件下由于对人性选择的讨论太过久远、太过迷茫，反而被我们所忽视了。是否，新中国成立初期强调人性的善，用精神动员激发劳动者的创新热情，同样取得了具有显著比较优势的成就；只不过现在更重视人性的恶，只能用满足"经济人""自利"的方式激励劳动者创新的冲动——欧美国家有成功的先例，我们亦步亦趋也必能取得同样的创新成就？

---

① 19世纪末20世纪初社会主义运动兴起的原因却是私有制的弊端导致这一差距是反向的，所有制属性在彼时也同样是标靶。

第六章 行政垄断企业混合所有制改革与创新

中国经济发展进入新常态之后，中国政府进一步加快了混合所有制改革的步伐，与此同时，创新也已然成为当前中国的一股热潮，那么，混合所有制改革与创新之间是什么关系呢？当前"混改"的主要对象来自国有企业，尤其是行政垄断行业中的国有企业，而这类国企在经历"股份化"改制这种形式的"混改"之后，它们在创新方面的表现如何呢？国内外学界对于创新问题的相关研究已经相对成熟，著名的"熊彼特假说"认为市场势力和企业规模有助于创新，但其前置假定之一是在市场经济条件下，前置假定之二是将竞争性企业与垄断企业进行同等对比。当前，中国的市场经济地位在"入世"15年后仍得不到美欧等主要发达国家承认，中国的行政垄断企业区别于一般竞争性企业，本身就具备市场势力和规模效应。那么，对行政垄断型企业而言，熊彼特假说是否还成立呢？国内学界对创新与不同所有制类型企业的研究已基本达成了共识，周黎安、罗凯（2005），安同良、施浩（2006），吴延兵（2006，2007，2011，2012，2014），陈林、朱卫平（2011）等认为国有企业比非国有企业创新能力差，这就意味着行政垄断企业的创新能力相应也就比非国有企业差。但是，这类研究聚焦的是不同所有制类型企业，尚未单独研究行政垄断企业，原因之一就是缺乏可以同等比较的对象。在中国大力推进混合所有制改革的今天，对"混改"后行政垄断企业内部股权结构与创新关系的研究相对匮乏，也就无法通过创新来进一步推动该类型企业的"有效混改"，更难以为困境中的中国经济实现创新与发展提供有效的理论和实证支撑。

本章第一部分是文献综述；第二部分是模型与变量设计；第三部分是数据的描述性统计与创新指标测算；第四部分是测算结果与检验；第五部分是本章小结。

一 文献综述

经典西方经济学理论认为，完全垄断企业只会通过垄断价格或者产量坐享高额垄断利润，不具有通过风险高、时效长的创新赚取更大利润的激励，因而会阻碍、抑制创新，同时，又认为完全竞争厂商是"0"利润——没有额外的积累投入研发创新，那么，能够有动力参与创新的就只有垄断竞争企业了——通过产品差异化或生产效率的提升实现更高的超额利润。

（一）企业整体产权性质与企业内部产权性质是两个不同的概念

由于国外成熟市场经济国家以私有制企业为主，国有企业较少，因此，国外学者对产权结构与创新关系研究的侧重点与中国不同，中国产权的制度性特征导致创新的特点差异较大（陈林、朱卫平，2011；吴延兵，2012）。现有产权性质与创新关系的研究，多数是以企业整体产权性质决定的国有企业或非国有企业为样本，如周黎安、罗凯（2005），吴延兵（2007，2014），安同良等（2006），聂辉华、谭松涛、王宇锋（2008），张秀峰、陈光华、杨国梁、刘霞（2015）等。

然而，能够作为研究样本的100%全民所有制的国企即使能找到，也难以获得数据，而在工业企业中，混合所有制企业的产值2001—2010年占工业总产值的1/3（吴延兵，2014），当前大力推进的"混改"，将会使更多国有企业更改为混合所有制。那么，混合所有制企业内部的产权性质和结构将会对创新产生何种影响？显然，企业内部产权结构直接关系到企业治理架构和机制，尤其是会影响到创新资源的分配机制，理论上必将影响创新行为、创新过程、创新效率和创新效果。

企业内部股权结构有两层含义：股权集中度和股权构成（张红军，2000）。混合所有制改革变动的主要是股权构成，意图通过产权结构的变化促使经理人员改善经营状况和经营水平。在企业内部，股权集中度一般以前十大股东的赫芬达尔指数（Herfindahl – Hirschman Index，HHI）来衡量。根据终极产权论（刘芍佳、孙霈、刘乃全，2003），各所有制类型股东的股权构成可划分为三类：第一类是国有股，由各级国家行政部门直接控股；第二类是国内私有股，由各类型私有法人、自然人持有；第三类是外资股。第二类和第三类合并起来统称非国有股，这里企业内部产权性质的结构对应的就是股权构成。

（二）对于国企创新能力高低的争论莫衷一是

姚洋（1998），姚洋、章奇（2001），安同良等（2006），吴延兵（2006，2007，2011，2012，2014），Lin（2009），唐跃军、左晶晶（2014），张秀峰、陈光华、杨国梁、刘霞（2015）等认为不同所有制性质的企业相比，国有企业创新投入、创新效率等较低。问题是行政垄断型企业更有优势去借助国家科技激励政策进行研发创新，为什么会创新能力最低呢？吴延兵（2007）对此的解释是国有企业在资源、资金方面的创新优势被国有企业产权非人格化特征带来的委托—代理无效率所抵消。

但是，聂辉华、谭松涛、王宇锋（2008）却发现国有企业具有更多的创新活动，李春涛、宋敏（2010）利用世界银行在中国 18 个城市对 1483 家制造业企业调查的数据，研究了不同所有制结构下经理人薪酬激励对企业创新投入和产出两方面的影响，认为无论从投入还是产出看，国有企业都更具有创新性，但国有产权降低了激励对创新的促进作用。Erming Xu、Han Zhang（2008）发现国有股更侧重于过程创新而不是产品创新、偏好于独立创新而不是合作创新，国有股比重的增加虽不利于获得产品创新绩效，但却有利于提高自主创新的效益，并认为自主创新和过程创新都与国有股正相关。陈林、朱卫平（2011）发现"熊彼特假说"在行政进入壁垒产业中成立，并进一步推断出"当社会选择了行政进入壁垒，从长远来看，熊彼特假说将最终成立——越垄断越创新，企业规模理应越来越大，国有企业越大越好，私营寡头企业的国有化也自然是理所当然的事情"，在自由市场中则完全相反。随后，陈林、朱卫平（2011）发现在不同的产业发展阶段，创新与垄断的关系是动态变化的，从长远看，创新与垄断正相关，熊彼特假说成立。

（三）对混合所有制企业创新能力的讨论

张伟、于良春（2014）研究了混合所有制企业的产权结构与合作研发的效率及福利情况，发现厂商的研发投入水平与非国有资本比重正相关。吴延兵（2014）认为混合所有制企业在各所有制类型企业中技术创新能力最强，而国有企业最弱。张秀峰、陈光华、杨国梁、刘霞（2015）分析了企业所有权性质在创新价值链的三个阶段对产学研合作创新绩效的影响，认为在知识创新阶段，国有企业并不差；在科研创新阶段，私营企业的合作创新绩效显著高于国有企业；在产品创新阶段，混合所有制企业在成果转化方面的合作创新绩效显著高于国有企业，外资企业也显著高于国有企业。

（四）创新的评价指标

对创新概念的经济解读，首推熊彼特"把一种新的生产要素和生产条件的'新结合'引入生产体系。包括引入一种新产品、引入一种新生产方法、开辟一个新市场、获得原材料或半成品的一种新的供应来源等五种情况"。显然，熊彼特意指的创新概念含义广泛，既涉及技术性变化性质的创新，又涉及非技术性变化性质的组织创新。其后，国内外学者对创新多有论述，鉴于此，学者们设计的创新评价指标包括创新投入、创新效率、创新产出、创新效益等。

创新投入一般以研发经费（R&D）支出、研发人员数量代表，朱平芳、徐伟民（2003），聂辉华、谭松涛、王宇锋（2008），吴延兵（2007），陈林、朱卫平（2011）等均以研发密度（研发强度）作为创新衡量指标。问题是投入与产出之间还存在研发效率、研发效益等过程性问题，因此，创新投入与创新之间很难画等号，只能作为一个替代变量。吴延兵（2014）进一步将技术创新投入改为4个指标：有科技机构企业数/企业数、科技经费支出/总产值、科技人员/从业人员、科技经费支出/科技人员。

　　创新产出一般以发明专利替代，朱平芳、徐伟民（2003），周黎安、罗凯（2005），傅元海、叶祥松、王展祥（2014）等使用专利数量作为创新产出指标，因为专利尤其是发明专利确实是衡量创新的最佳指标，但是，该指标的使用有一个假定前提：所有发明都申请了专利并且获得了批准。很显然，这个假定不成立，获得批准的专利可能仅占所有发明的很少一部分，何况很多企业的创新不一定体现在专利申请上，因为根据熊彼特的创新含义，生产方法、生产工艺、市场环境的改善都是创新，却都难以通过专利来衡量，因此，它的代表性也是有限的。

　　创新效益指的是创新投入对业绩的影响，它与创新产出存在一致性，一般用新产品销售收入与总销售收入的比例来表示。新产品销售收入及其占比是衡量创新产出的合意指标，但是《中国科技统计年鉴》提供的新产品销售收入是整个行业层面的中观数据，一般企业并不提供微观数据。吴延兵（2014）进一步将技术创新产出改为3个指标：专利申请数/总产值、发明专利申请数/总产值、新产品产值/总产值，使用中观数据衡量创新效益或产出。

　　吴延兵（2014）在测度技术创新效率时使用的是反映每单位科研经费所产生创新成果的3个指标：专利申请数/科技经费支出、发明专利申请数/科技经费支出、新产品产值/科技经费支出。问题在于使用中观数据得到的结论比较笼统，而微观数据一般不是连续型数据，而是离散型数据。

　　通过数据包络分析法（DEA）计算 Malmquist Index，得到的全要素生产率（TFP）衡量的是除资本和劳动力之外的投入要素的技术进步情况，它能够全面衡量生产函数前沿面的移动效应和后发者的追赶效应，一般被用来衡量技术进步效率。王玉燕、林汉川、吕臣（2014）就运用该指标来衡量技术进步，该指标可以被视作创新效率（吴延兵，2012）。

二 模型与变量设计

（一）模型设计

衡量混合所有制改革与创新之间的关系，首先考虑的是影响创新的主要因素，一般认为是总资产收益率（利润率）、销售收入增长率、资产负债率、公司规模、员工规模等；其次考虑混合所有制改革后，由"混改"的目的所决定，公司内部产权结构的变化会对公司治理产生何种影响，相应作为重要人、财、物投入行为的创新必将也受此影响。显然，混合所有制改革及其带来的各种资源配置的变化如果能对创新产生影响也应该是对未来的创新产生影响。在实际公司运营中，公司也往往根据本年度人、财、物的状况提前安排下一年的各种投资行为、经营行为。中国创新企业的典型代表"华为技术有限公司"的成功经验也表明，创新来源于专注和积累，是量变到质变的辩证过程。因此，为充分考虑积累效应，解释变量和控制变量均需滞后一期。借鉴朱平芳、徐伟民（2003），周黎安、罗凯（2005），吴延兵（2006，2007，2011，2012，2014），聂辉华、谭松涛、王宇锋（2008）的模型设计，设定本书所需要的创新与影响因素之间的模型：

$$INOV = \alpha_0 + \alpha_i \sum_{i=1}^{n} L.\ structure_i + \beta_j \sum_{j=1}^{m} L.\ control_j + \varepsilon$$

其中，创新因变量 $INOV$ 分别是研发强度、Malmquist Index（测算所得各公司各年 TFP、TC、EC、PE 作为创新指标）；$structure$ 分别是股权集中度、股权分散度、股权构成（国有股占比、国内私有股占比、外资股占比、非国有股占比）；$control$ 是各控制变量如公司规模、公司规模的平方、员工数量、利润率、资产负债比、销售收入增长率等。

根据样本上市公司年报信息，本书 67 家样本企业中有 40 家（占全部样本的 59.70%）没有明确列支研发投入（或者全部样本 77.46% 的年份没有研发投入），这意味着仅以研发强度（$SR\&D$）作为因变量会有大量 0 值存在，因此，使用随机效应 Tobit 模型（聂辉华、谭松涛、王宇锋，2008）进行计量检验。根据上述讨论，混合所有制的状态更有可能会对下一期的创新产生影响，因此，在具体测算中，将对解释变量滞后一期，试用 $t-1$ 期的数据（吴延兵，2011）。

问题是，研发投入缺失的企业是否没有创新呢？本书通过进一步测算得到各企业各年的 Malmquist Index，将该指数中的全要素生产率（TFP）、技术进步（TC）、综合效率（EC）、纯技术效率（PE）作为创新的替代变量，考虑到 Malmquist Index 是通过与上一年相关数据的对比测算得到的，因此解释变量不必滞后一阶。

（二）变量说明

具体变量详见表 6－1。

表 6－1　　　　　　　　　　变量设定一览表

变量符号		变量名称	计算方法
INOV	SR&D	研发强度	研发费用 ÷ 营业收入
	TFP	全要素生产率	Malmquist Index 中的 TFPCH
	TC	技术进步	Malmquist Index 中的 TECHCH
	EC	综合效率	Malmquist Index 中的 EFFCH
	PE	纯技术效率	Malmquist Index 中的 PECH
股权结构	HHI	股权集中度	前十大股东各自持股比例的平方和
	Nindex	股权分散度	HHI 的倒数
	State	国家股占比	前十大股东中国家股占比之和
	CivilPrivate	国内私有股占比	前十大股东中国内私有股占比之和
	Foreign	外资股占比	前十大股东中外资股占比之和
	MixFP	非国有股占比	前十大股东中非国有股占比之和
	$MixFP^2$	非国有股占比的平方	MixFP 的平方
控制变量	L. ROA	L. 利润率	滞后 1 阶利润率
	lnSize	资产规模	ln［（期初总资产＋期末总资产）÷2］
	lnPer	员工数量	ln（全部在职员工总数）
	Leverage	资本结构	总负债 ÷ 总资产
	Growth	公司成长性	（本期营业收入－上期营业收入）÷ 上期营业收入

1. 创新衡量指标

衡量创新的一个指标是研发强度（*SR&D*），但由于在行政垄断行业中仅有 40.30% 的企业明确列支了研发经费，导致该变量是离散变量，并且不能断定研发投入数据缺失的企业就没有创新，因为研发经费只是衡量创新的一个可测角度。本章使用各企业各年的 Malmquist Index 作为连续性变量，将其作为衡量创新效率的指标。

2. 股权结构

股权结构有两层含义：股权集中度和股权构成（张红军，2000）。

（1）股权集中度（*HHI*）与股权分散度（*Nindex*）

学界通常使用赫芬达尔指数（Herfindahl – Hirschman Index，HHI）来衡量股权集中度，鉴于数据的可得性问题，现有研究一般主要使用各企业前十大股东的持股比例来测算；股权分散度一般使用 *HHI* 的倒数 N 指数来替代，其值越大表示股权越分散。

（2）股权构成

根据终极产权理论，本书将股权构成划分为国家股（*State*）、国内私有股（*CivilPrivate*）和外资股（*Foreign*）3 部分，将前十大股东中相同所有制类型的股权占比合并后记作各自所占总股本的比例。

借鉴马连福、王丽丽、张琦（2015）的做法，本书使用第二类和第三类股东占比之和（*MixFP*）来全面衡量混合所有制的混合程度（混合主体的深入性），并在控制变量中加入 *MixFP* 的平方项 $MixFP^2$，以观察非国有股东对企业经理人员创新行为的督促和监督。

3. 其他控制变量

（1）*ROA*

一般企业的研发支出来自前期积累的未分配利润，这意味着利润对是否进行研发投入及其数额大小会产生重要影响，这里采用滞后一期的总资产收益率（*ROA*）来表示。

（2）企业规模

依据熊彼特假说，企业规模是影响创新的另一重要因素，同时借鉴聂辉华、谭松涛、王宇锋（2008）的做法，将总资产规模的二次项也作为一个控制变量。

（3）其他变量

使用员工数量（*Per*）、资本结构（*Leverage*）、公司成长性
（*Growth*）等控制变量，以全面测度行政垄断上市公司的创新影响
因素。

三　数据的描述性统计与创新指标测算

为恰当说明行政垄断企业创新与股权结构之间的关系，本书使用
上市公司 2006—2015 年年报，并依据国民经济行业分类（GB/T
4754—2011）中 3 位数分类，整理得到电信、石油、航空运输、电
力、铁路运输 5 个行政垄断行业 67 家 A 股上市公司共 670 个观测对
象，总计 19631 个数据。

需要注意的是，中国铁路运输业仅有 3 家上市公司，显然无论是
其市场份额还是资产规模都不能有效代表整个中国铁路运输业，因
此，其指标数据仅具参考性，尤其是股权结构指标并不能代表整个铁
路运输业相关情况；其他 4 个行业的主要企业均已上市，因此其上市
公司的总和或平均化指标一般都能代表整个行业。还需说明的是，铁
路运输和航空运输两个行业属于第三产业中的服务业，较少有研发活
动。样本中没有明确列支研发经费的公司，使用 Wind 数据库中可以
查到的"政府补助明细"中的科研补助予以补充。这里所有原始数据
均使用 1978 年定基 GDP 平减指数进行消胀处理，后文研发费用对比
的是消胀后数据。

（一）以研发投入情况衡量创新的分行业统计描述

将所有研究样本整体进行相关变量的统计描述所得结果过于笼
统，难以说明创新与股权结构变化之间的关系。因此，为了更恰当地
观察这一关系，本章将各行业内企业的数据进行行业平均化，然后再
进行分行业统计对比分析（附表 7 至附表 11 为表 6 - 2 至表 6 - 6 的
完整版）。

1. 电信业股权结构变化很小，而研发投入变化较大

中国电信业近年来已经投入巨资用于研发，但是三家上市公司中仅能查到中国联通和中国电信的研发费用，暂时无法获得中国移动的研发费用，行业平均化研发投入与股权结构的统计描述详见表 6 - 2，二者之间的关系如图 6 - 1（左轴是股权集中度和非国有股权占比，右轴是研发强度）所示。

表 6 - 2 　　　　　电信业 2006—2015 年研发情况与股权结构变化

	变量	均值	标准差	最小值	最大值
研发情况	R&D（万元）	4072.26	4056.65	1066.08	12835.45
	SR&D（%）	0.46	0.01	0.08	1.88
股权结构	HHI（%）	54.88	0.01	54.26	55.70
	Nindex	2.01	0.04	1.95	2.05
	State（%）	72.62	0.01	71.95	73.35
	CivilPrivate（%）	1.79	0.01	0.82	2.75
	Foreign（%）	8.65	0.00	8.58	8.86
	MixFP（%）	10.44	0.01	9.56	11.32

注：不含中国移动。

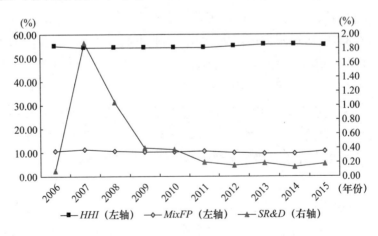

图 6 - 1 　电信业股权结构变化与研发情况的关系

根据表 6 - 2 和图 6 - 1 可知，2006—2015 年，电信业行业平均化研发经费（R&D）均值为 4072.26 万元，标准差为 4056.65，变化较

大；2006—2007 年，研发经费由 2006 年的最小值 1066.08 万元骤升至 2007 年的最大值 12835.45 万元，增加了 11 倍，2008—2009 年大幅下降 63.79%，2009 年后持续呈下降趋势。与之相对应，研发强度（$SR\&D$）均值为 0.46%，在 2006—2007 年由最小值 0.08% 骤升至最大值 1.88%，2015 年略有回升。

就股权结构各项指标总体来看，标准差均介于 0—0.04，变化很小。股权集中度（HHI）2006—2015 年略有上升，最大值是 55.70%，最小值是 54.26%，均值为 54.88%；股权分散度（N 指数）略有变化，变化区间为 1.95—2.05，均值为 2.01。

股权构成方面，国有股权占比（State）均值 72.62%，最大值是 73.35%，最小值是 71.95%；国内私有股权占比（CivilPrivate）区间为 0.82%—2.75%，均值为 1.79%；外资股权占比（Foreign）变化区间 8.58%—8.86%，均值 8.65%；非国有股权占比（MixFP）相对平稳，2015 年略有上升，最大值是 11.32%，最小值是 9.56%，均值是 10.44%。

2. 石油开采业股权结构变化较小，研发投入变化较大

行业平均化研发投入与股权结构的统计描述详见表 6-3，二者之间的关系如图 6-2 所示。

表 6-3　石油开采业 2006—2015 年研发情况与股权结构变化

	变量	均值	标准差	最小值	最大值
研发情况	$R\&D$（万元）	34718.25	5494.33	26148.25	41514.29
	$SR\&D$（%）	0.44	0.00	0.37	0.58
股权结构	HHI（%）	68.25	0.01	65.69	70.22
	Nindex	1.49	0.03	1.45	1.56
	State（%）	81.24	0.01	80.10	82.36
	CivilPrivate（%）	0.28	0.00	0.11	0.39
	Foreign（%）	15.51	0.01	14.98	16.30
	MixFP（%）	15.79	0.00	15.33	16.45

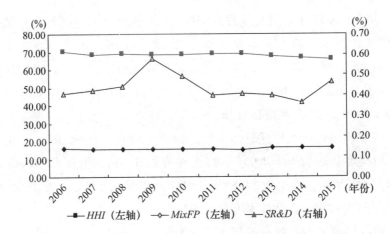

图6-2 石油开采业股权结构变化与研发情况的关系

根据表6-3和图6-2可知，2006—2015年，石油开采业行业平均化研发经费均值为3.47亿元，标准差为5494.33，变化较大；最小值是2006年的2.61亿元，最大值是2012年的4.15亿元，整体呈抛物线趋势变化。研发强度（SR&D）均值为0.44%，最大值是2009年的0.58%，最小值是2014年的0.37%。

就股权结构各项指标总体来看，标准差均介于0—0.03，变化很小。股权集中度（HHI）2006—2015年整体呈下降趋势，最大值是2006年的70.22%，最小值是2015年的65.69%，均值为68.25%；股权分散度（N指数）略有变化，变化区间为1.45—1.56，均值为1.49。

股权构成方面，国有股权占比（State）均值为81.24%，最大值是2006年的82.36%，最小值是2014年的80.10%；国内私有股权占比（CivilPrivate）变化区间为0.11%—0.39%，均值为0.28%；外资股权占比（Foreign）变化区间为14.98%—16.30%，均值为15.51%；非国有股权占比（MixFP）变化区间为15.33%—16.45%，均值为15.79%。

3. 铁路运输业研发投入非常少，股权结构变化不大

铁路运输业3家代表性上市公司仅"铁龙物流"在2011—2015

年有研发经费列支，3 年总计 58.23 万元，其他年份均无该项目支出。3 家代表企业的研发投入与平均股权结构的统计描述详见表 6-4，二者之间的关系如图 6-3 所示。

表 6-4　铁路运输业 2006—2015 年研发情况与股权结构变化

	变量	均值	标准差	最小值	最大值
研发情况	*R&D*（万元）	5.82	7.73	0.00	17.61
	SR&D（%）	0.04	0.00	0.00	0.14
股权结构	*HHI*（%）	22.43	0.03	19.98	26.53
	Nindex	9.56	0.47	8.28	9.90
	State（%）	48.17	0.02	44.93	51.46
	CivilPrivate（%）	4.61	0.01	3.17	7.03
	Foreign（%）	7.30	0.01	6.50	8.79
	MixFP（%）	11.91	0.01	9.88	14.17

注：研发情况用斜体表示是因为其代表性不足。

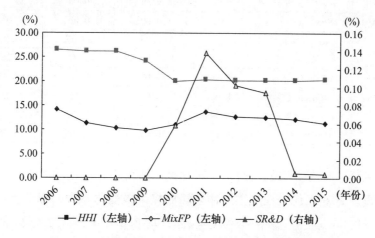

图 6-3　铁路运输业股权结构变化与研发情况的关系

显然，仅有一家公司的 3 年研发投入情况不足以说明整个行业的创新情况。这 3 家代表性铁路运输公司股权结构变化不大，标准差介于 0.01—0.47。股权集中度相对较低，均值 22.43%，变化区间为 19.98%—26.53%，整体呈下降趋势；股权分散度介于 8.28—9.90；国有股权占比均值 48.17%，最大值是 2006 年的 51.46%，最小值是

2013 年的 44.93%；国内私有股权占比介于 3.17%—7.03%，均值为 4.61%；外资股权占比介于 6.50%—8.79%，均值为 7.30%；非国有股权整体占比介于 9.88%—14.17%，均值为 11.91%。

4. 航空运输业研发投入少，股权结构基本稳定

依据国民经济行业分类（GB/T 4754—2011）中 3 位数分类，机场属于"航空运输辅助活动"，而"四大航空公司"和"中信海直、外运发展"两家都属于"航空客货运输"，此处统计描述这 6 家运输企业，但仅有中国国航 1 家在 2011—2015 年披露了研发支出经费总计 487.16 万元。

这 6 家企业平均化的研发投入与平均股权结构的统计描述详见表 6-5，二者之间的关系如图 6-4 所示。

表 6-5　航空运输业 2006—2015 年研发情况与股权结构变化

	变量	均值	标准差	最小值	最大值
研发情况	R&D（万元）	8.12	9.34	0.00	25.75
	SR&D（%）	0.01	0.00	0.00	0.01
股权结构	HHI（%）	27.16	0.04	22.57	32.03
	Nindex	4.21	0.80	3.37	5.26
	State（%）	55.94	0.02	52.88	58.73
	CivilPrivate（%）	4.29	0.01	1.65	6.25
	Foreign（%）	14.94	0.01	13.78	16.23
	MixFP（%）	19.23	0.01	16.45	20.76

同样，仅有 1 家公司的 4 年研发投入情况不足以说明整个行业创新情况。这 6 家代表性航空运输公司股权结构变化不大，标准差介于 0.01—0.80。股权集中度相对较低，均值 27.16%，变化区间为 22.57%—32.03%，整体呈平稳下降趋势；股权分散度介于 3.37—5.26；国有股权占比均值 55.94%，最大值是 2006 年的 58.73%，最小值是 2013 年的 52.88%；国内私有股权占比介于 1.65%—6.25%，均值 4.29%；外资股权占比介于 13.78%—16.23%，均值为 14.94%；非国有股权整体占比介于 16.45%—20.76%，均值为 19.23%。

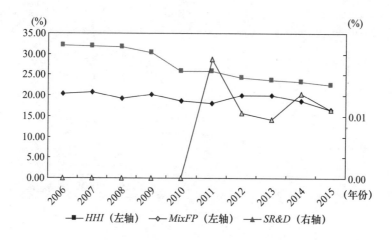

图 6 - 4 航空运输业股权结构变化与研发情况的关系

5. 电力业研发强度有所增加，但研发投入较少，股权结构变化不大

在 49 家电力上市公司中，仅 21 家（占比 42.86%）企业投入了研发费用，剩下的 28 家（占比 57.14%）10 年间没有研发投入。作为行业研究，把 49 家企业相关数据进行行业平均化，其统计描述见表 6 - 6，股权结构与研发情况之间的关系如图 6 - 5 所示。

表 6 - 6　　　电力业 2006—2015 年研发情况与股权结构变化

	变量	均值	标准差	最小值	最大值
研发情况	R&D（万元）	2.31	1.10	1.21	3.88
	SR&D（%）	0.00	0.00	0.00	0.01
股权结构	HHI（%）	20.47	0.01	19.29	21.29
	Nindex	8.56	0.22	8.07	8.94
	State（%）	51.65	0.01	51.08	53.07
	CivilPrivate（%）	5.70	0.01	4.32	7.16
	Foreign（%）	1.83	0.00	1.60	1.92
	MixFP（%）	7.53	0.01	5.91	9.05

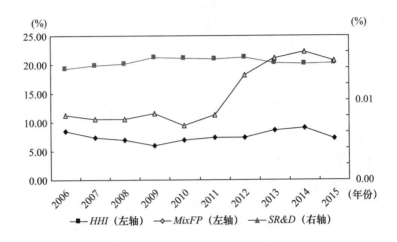

图6-5 电力业股权结构变化与研发情况的关系

根据表6-6和图6-5可知，2006—2015年，电力业行业平均化研发经费均值为2.31万元，数额很小，标准差为1.10，有所变化，最小值是2006年的1.21万元，最大值是2014年的3.88万元，整体呈增加趋势。研发强度 SR&D 均值为0，变化区间为0—0.01%，说明研发投入较少。

就股权结构各项指标总体来看，标准差均介于0—0.22，变化较小。股权集中度（HHI）2006—2015年整体保持稳定，最大值是2009年的21.29%，最小值是2006年的19.29%，均值为20.47%；股权分散度（N 指数）略有变化，变化区间为8.07—8.94，均值为8.56。

股权构成方面，国有股权占比（State）均值51.65%，最大值是2015年的53.07%，最小值是2007年的51.08%；国内私有股权占比（CivilPrivate）变化区间为4.32%—7.16%，均值为5.70%；外资股权占比（Foreign）变化区间为1.60%—1.92%，均值1.83%；非国有股权占比（MixFP）变化区间为5.91%—9.05%，均值为7.53%。

（二）以曼奎斯特指数（Malmquist Index）衡量的创新情况

我们使用求 Malmquist Index（Fare et al.，1994）的办法测算全部样本企业的相关创新效率指标，主要是全要素生产效率（TFP）、技术进步（*TC*）、综合效率（*EC*）和纯技术效率（*PE*）等，以弥补直接统计对比的不足。具体以各企业 2005—2015 年的营业收入作为产出项，以总资产和员工人数作为投入项，将数据对数化后，运用 Deap2.1 软件进行产出导向（Output）规模收益可变（VRS）的测算，得到各企业 2006—2015 各年 Malmquist Index、总体年均 Malmquist Index（详细数据见附表 12）和各企业平均 Malmquist Index（详细数据见表 6－7）三类指标。总体对比可见，67 家样本企业 10 年间平均技术进步（*TC*）和综合效率（*EC*）都小于 1，分别为 0.994 和 0.999，二者的乘积——全要素生产效率（*TFP*）也就小于 1，为 0.993，这说明该类型企业平均技术边界下降了，追赶效应也下降了。只有规模效率（*SE*）恰好为 1，说明行政垄断企业仅仅维持了规模效率。

1. 各年均值情况说明行政垄断企业多数年份创新状况不佳

总体年均 Malmquist Index 变化情况详见图 6－6（详细数据见附表 12）。

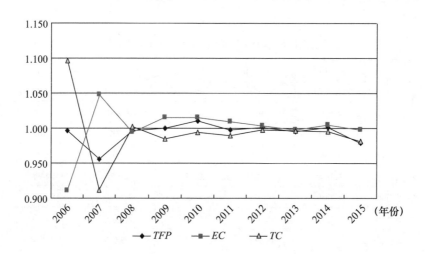

图 6－6　2006—2015 年各企业年均 Malmquist Index 变化趋势

总体来看，样本企业 10 年中仅有 3 年的全要素生产率（*TFP*）大于 1，仅 1 年等于 1，其他年份则小于 1，表现不佳；最高是 2010

年的 1.010，最低是 2007 年的 0.956。整体上，2006 年和 2007 年波动较大，2008 年趋于稳定，之后呈平缓下降趋势。根据综合效率（EC）指标，有 6 年的追赶效应大于 1，剩余 4 年追赶效应小于 1；最高是 2007 年的 1.048，最低是 2006 年的 0.910。根据技术变化（TC）指标，仅有 2 年存在技术进步，也就是生产前沿面发生了"上移"，有 8 年生产前沿面向下滑落了；最高是 2006 年的 1.097，最低是 2007 年的 0.912。

值得注意的是，尽管 2006 年取得了研究期间的最佳技术进步，但是综合效率（EC）却是最差的，而等到 2007 年综合效率实现了最优，但是技术进步却又成了最差的，说明 2006 年和 2007 年这两年资源配置和技术进步之间存在失衡，波动较大，导致全要素生产效率没能实现正增长，这种情况对应着当时的经济过热、资源配置（综合效率）失当。

2. 各企业均值情况说明，77.61% 的样本企业全要素生产效率不佳

各企业 10 年平均 Malmquist Index 详见表 6 - 7。

表 6 - 7 　　各企业 2006—2015 年平均 Malmquist Index 概况

公司	综合效率变化（EC）	技术变化（TC）	纯技术效率变化（PE）	规模效率变化（SE）	全要素生产效率变化（TFP）
中国联通	0.998	0.998	0.998	1.000	0.996
中国电信	1.001	0.998	1.001	1.000	1.000
中国移动	0.998	0.997	0.996	1.002	0.995
中国石化	1.000	0.999	1.000	1.000	0.999
中国石油	1.000	0.999	1.001	0.999	0.998
大秦铁路	1.001	0.998	1.001	1.000	1.000
广深铁路	1.004	0.998	1.003	1.000	1.001
铁龙物流	1.010	0.997	1.009	1.001	1.008
白云机场	1.001	0.997	1.001	1.000	0.998
东方航空	1.000	0.999	1.000	1.000	0.998
中国国航	0.998	0.998	0.998	1.000	0.996
海南航空	1.001	0.995	1.000	1.000	0.995

续表

公司	综合效率 变化（EC）	技术变化 （TC）	纯技术效率 变化（PE）	规模效率 变化（SE）	全要素生产效率 变化（TFP）
南方航空	1.000	0.998	1.000	1.000	0.998
上海机场	1.003	0.998	1.003	1.000	1.001
深圳机场	0.996	0.997	0.996	1.001	0.993
外运发展	0.994	0.996	0.994	1.000	0.991
厦门空港	1.001	0.998	1.001	1.000	0.999
中信海直	1.000	0.994	1.001	1.000	0.995
川投能源	0.994	0.986	0.995	0.999	0.980
滨海能源	1.004	0.991	1.008	0.996	0.996
长江电力	1.000	0.993	1.001	0.999	0.993
长源电力	1.004	0.995	1.004	1.000	1.000
郴电国际	0.996	0.998	0.995	1.001	0.994
大连热电	1.002	0.995	1.002	1.000	0.996
大唐发电	0.999	0.994	1.000	0.999	0.993
东方能源	1.003	0.999	1.002	1.000	1.001
涪陵电力	1.005	0.998	1.004	1.001	1.003
赣能股份	1.008	0.988	1.010	0.999	0.996
广安爱众	1.000	0.998	0.999	1.001	0.998
广州发展	1.002	0.992	1.001	1.001	0.994
桂东电力	1.005	0.995	1.005	1.000	1.000
桂冠电力	1.003	0.994	1.002	1.001	0.997
国电电力	0.999	0.996	0.999	1.000	0.995
国投电力	0.989	0.976	0.992	0.997	0.966
哈投股份	0.991	0.998	0.990	1.001	0.990
华电国际	1.000	0.996	1.000	1.000	0.996
华电能源	0.998	0.998	0.998	1.000	0.996
华能国际	1.001	0.996	1.000	1.000	0.996
华银电力	1.000	0.996	1.000	1.000	0.996
惠天热电	1.001	0.998	1.000	1.001	0.999
吉电股份	0.994	0.994	0.993	1.001	0.988
建投能源	0.996	0.988	0.996	1.000	0.983

续表

公司	综合效率变化（EC）	技术变化（TC）	纯技术效率变化（PE）	规模效率变化（SE）	全要素生产效率变化（TFP）
金山股份	1.010	0.994	1.010	1.000	1.004
京能电力	0.940	0.993	0.939	1.001	0.933
乐山电力	1.003	0.997	1.002	1.001	1.000
岷江水电	1.001	0.995	1.002	0.999	0.996
闽东电力	1.002	0.998	1.002	1.001	1.000
明星电力	1.003	0.998	1.002	1.001	1.001
内蒙华电	1.000	0.995	1.000	1.000	0.994
宁波热电	0.993	0.988	0.997	0.996	0.982
黔源电力	1.012	0.982	1.014	0.999	0.994
三峡水利	0.997	0.998	0.996	1.001	0.995
上海电力	0.998	0.995	0.998	1.000	0.993
韶能股份	1.000	0.997	1.000	1.000	0.997
申能股份	1.006	0.991	1.005	1.001	0.997
深南电	0.992	0.985	0.994	0.999	0.977
深圳能源	0.989	0.959	0.989	1.000	0.949
穗恒运	0.996	0.992	0.996	1.000	0.988
天富能源	0.998	0.998	0.997	1.001	0.996
通宝能源	1.000	0.996	1.000	1.000	0.996
皖能电力	1.001	0.996	1.000	1.000	0.996
文山电力	1.003	0.998	1.001	1.001	1.001
西昌电力	1.006	0.996	1.006	1.000	1.002
银星能源	0.995	0.996	0.995	1.000	0.991
豫能控股	0.996	0.993	0.995	1.001	0.989
粤电力	0.999	0.991	0.998	1.001	0.991
漳泽电力	0.995	0.994	0.994	1.000	0.989
平均	0.999	0.994	0.999	1.000	0.993

　　技术进步（TC）情况惨不忍睹：全部67个样本均小于1；最大值是0.999，共有4家企业——中国石油、东方航空、中国石化、东

方能源实现了这一数值;最小值是深圳能源的 0.959。综合效率（EC）情况相对较好,有 41 家大于等于 1（其中 12 家等于 1）,占比 61.19%;其他 26 家小于 1;最大值是黔源电力的 1.012,最小值是京能电力的 0.940。影响综合效率的纯技术效率（PE）有 41 家大于等于 1（其中 13 家等于 1）,其他均小于 1;最大值是黔源电力的 1.014,最小值是京能电力的 0.939。规模效率（SE）有 56 家大于等于 1（其中 35 家等于 1）,占比 83.58%;其他均小于 1;最大值是中国移动的 1.002,最小值是宁波热电和滨海能源的 0.996。可见,行政垄断企业总体规模优势得以维持。

受到糟糕的技术进步情况拖累,在全部 67 家企业中,仅有 9 家企业的全要素生产率（TFP）大于 1,6 家等于 1,其他 52 家企业全要素生产率均小于 1;最大值是铁龙物流的 1.008,最小值是京能电力的 0.933。

四　测算结果与检验

本章使用 Stata13 软件进行测算。

（一）离散变量随机效应 Tobit 模型

对行政垄断企业研发强度（SR&D）与滞后一期股权结构、控制变量等运用 Tobit 动态模型进行测算,得到的测算结果如表 6 - 8 所示。

表 6 - 8　　　　创新（研发强度）影响因素的 Tobit 模型估计

变量	方程 1	方程 2	方程 3	方程 4	方程 5
L1. HHI	0.003**				
L1. N		0.000			
L1. State			0.001	0.001	0.002
L1. CivilPrivate			0.000		
L1. Foreign			− 0.004		

续表

变量	方程 1	方程 2	方程 3	方程 4	方程 5
$L1. MixFP$				− 0.002	0.003
$L1. MixFP^2$					− 0.018
$L1. ROA$	0.002 *	0.003 *	0.002 *	0.003 *	0.002 *
$L1. lnSize$	0.003 **	0.002 *	0.002	0.002 *	0.002 *
$L1. lnSize^2$	− 0.000 *	0.000	0.000	0.000	0.000
$L1. lnPer$	0.000	0.000	0.000	0.000	0.000
$L1. Leverage$	0.000	0.000	0.000	0.000	0.000
$L1. Growth$	0.000	0.000 *	0.000 *	0.000 *	0.000 *
_ cons	− 0.016 **	− 0.013 *	− 0.012	− 0.014 *	− 0.015 *
sigma_ u	0.002 ***	0.002 ***	0.002 ***	0.002 ***	0.002 ***
sigma_ e	0.002 ***	0.002 ***	0.002 ***	0.002 ***	0.002 ***
N	603	603	603	603	603

注：＊代表 $p < 0.1$；＊＊代表 $p < 0.05$；＊＊＊代表 $p < 0.01$。

根据表6-8模型1—5的检验结果，在影响研发强度的诸多因素中，我们发现：

1. 仅股权集中度与研发强度显著相关，其他股权结构指标与研发强度无显著相关关系

股权结构指标中只有公司内部股权集中度（HHI）在 p 值为 0.05 的水平上与研发强度显著相关，也就是对创新有显著影响，其他如股权分散度、股权构成等对创新均无显著影响，这与张伟、于良春（2014）的结论不同。

2. 前一期利润率和公司成长性与研发强度关系显著

在 5 个方程中，公司前一期利润率和业务成长性均与创新在 p 值为 0.1 的水平上关系显著。

3. 前一期资产规模与研发强度关系显著，但资产规模的平方项则不然

整体来看，前一期资产规模确实与创新关系显著，这与熊彼特假说一致。但是，前一期资产规模的平方项与创新的关系并不显著，这

与聂辉华、谭松涛、王宇锋（2008）的结论不同。方程 1 尽管表明前一期资产规模的平方项与创新在 p 值为 0.1 的水平上关系显著，但是 -0.000 的系数也说明其影响微乎其微。

4. 员工规模和资产负债率与研发强度的关系均不显著

经检验，公司员工规模与研发强度关系不显著，这说明员工人数并不影响创新，从事研发的仅是少数科研人员；公司资产负债率与研发强度关系也不显著，这说明对于垄断企业而言，负债率与创新没有什么关系。

（二）连续变量回归模型

对全要素生产率（*TFP*）、技术进步（*TC*）、综合效率（*EC*）、纯技术效率（*PE*）与股权结构、控制变量之间的关系进行检验。经过 Xttest3 检验，存在异方差；经过 Xtserial 检验，存在一阶组内序列自相关。因此，使用面板数据 FGLS 估计方法，以剔除异方差和自相关的影响，测算结果如表 6-9、表 6-10、表 6-11 和表 6-12 所示。

1. *TFP* 的影响因素

表 6-9 *TFP* 的影响因素

变量	方程1	方程2	方程3	方程4	方程5
HHI	0.019				
n		0.000			
State			0.004	0.001	0.005
CivilPrivate			-0.069		
Foreign			0.071		
MixFP				-0.024	-0.321 *
MixFP^2					1.437 *
ROA	0.024	0.027	0.033	0.026	0.024
ln*Size*	0.04	0.036	0.053	0.032	0.051
ln*Size*^{2}	-0.002	-0.002	-0.003	-0.002	-0.003 *
ln*Per*	0.009 **	0.009 **	0.008 *	0.009 **	0.008 *

续表

变量	方程 1	方程 2	方程 3	方程 4	方程 5
Leverage	0.012***	0.012***	0.012***	0.012***	0.011***
Growth	0.036***	0.037***	0.038***	0.037***	0.038***
_cons	0.719***	0.754***	0.678***	0.771***	0.690***
N	670	670	670	670	670

注：*代表 $p < 0.1$；**代表 $p < 0.05$；***代表 $p < 0.01$。

根据表 6 - 9 中模型 1—5 的检验结果，在影响全要素生产率的诸多因素中，我们发现：

（1）*TFP* 与公司内部股权结构指标之间基本没有显著相关关系，但当考虑到混合主体的深入性问题时，则显著相关

公司内部股权结构指标，无论是股权集中度（股权分散度）还是股权构成等，均与全要素生产率之间没有显著相关关系。

但是，在关注了混合主体深入性的方程 5 中，*TFP* 与非国有股权在 p 值为 0.1 的水平上显著负相关，而与非国有股权的平方项在 p 值为 0.1 的水平上显著正相关。这首先意味着，创新与混合主体的深入性呈现 U 形关系，随着混合主体的增加，公司创新会减少，但是达到一定程度之后，又再增加；其次，混合主体越深入，它们就越会督促经理人员进行创新。

（2）*TFP* 与员工规模、资产负债率和公司成长性的关系均显著

经检验，*TFP* 与公司员工规模在 p 值为 0.1 或 0.05 的水平上显著正相关，这说明员工数量会影响创新，尽管从事研发的仅是少数科研人员，但会产生锦标赛效应。这一结果与周黎安、罗凯（2005）的研究结论不一致，他们也将员工数量作为企业规模的衡量指标，但是认为国有企业的员工规模与创新不存在显著关系，而非国有企业则显著。观点相悖的原因是本书研究的样本全部是国有企业，而周黎安、罗凯（2005）研究的样本是国有企业和非国有企业，显然，样本范围不同。

TFP 与公司资产负债率在 p 值为 0.01 的水平上显著正相关，这

说明对于行政垄断企业而言，有一部分创新来自负债压力，负债率越高，经理人员越有动力提升现有资产的使用效率，因此，创新也就越旺盛。

TFP 与公司成长性在 p 值为 0.01 的水平上显著正相关，这说明公司创新的持续性受到公司成长积累的显著影响，公司营业收入越高，创新实力越强。

（3）TFP 与利润率、资产规模以及资产规模的平方项没有显著相关关系

在 5 个方程中，TFP 与公司利润率没有显著相关关系，这一结果出乎意料，因为通常认为创新来自利润的积累。

TFP 与资产规模以及资产规模的平方项也没有显著相关关系，这与熊彼特假说不一致。我们也注意到，在同时考虑到混合主体深入性时，TFP 与资产规模的平方项在 p 值为 0.1 的水平上显著负相关，但却与资产规模没有显著相关关系，因此无法判断其与资产规模的相关性。

2. TC 的影响因素

表 6 – 10 TC 的影响因素

变量	方程 1	方程 2	方程 3	方程 4	方程 5
HHI	0.010				
n		− 0.000 **			
$State$			0.010 **	0.014 *	0.014 *
$CivilPrivate$			− 0.004		
$Foreign$			0.012		
$MixFP$				0.015	0.045
$MixFP^2$					− 0.153
ROA	0.016 **	0.011 *	0.013 *	0.013 **	0.013 **
$\ln Size$	− 0.014 ***	− 0.012 **	− 0.019 ***	− 0.011 *	− 0.015 **
$\ln Size^2$	0.000 *	0.000	0.001 *	0.000	0.000
$\ln Per$	0.004 ***	0.005 ***	0.005 ***	0.005 ***	0.006 ***

续表

变量	方程 1	方程 2	方程 3	方程 4	方程 5
Leverage	0.001	0.002 **	0.001	0.002 **	0.002 **
Growth	0.000 ***	0.000 **	0.000 *	0.000 **	0.000 *
_ cons	1.049 ***	1.041 ***	1.067 ***	1.028 ***	1.045 ***
N	670	670	670	670	670

注：* 代表 $p < 0.1$；** $p < 0.05$；*** $p < 0.01$。

根据表 6 - 10 中模型 1—5 的检验结果，在影响技术进步（*TC*）的诸多因素中，我们发现：

（1）*TC* 与公司内部股权分散度、国有股权占比之间显著相关，与股权集中度和混合主体深入性之间的关系不显著

TC 与公司内部股权分散度显著负相关，只是系数非常小，说明股权结构越分散，技术进步就越小；但其却与股权集中度不相关，这意味着适当的股权集中只会对技术进步产生微弱的积极影响。

方程 3、方程 4、方程 5 表明，*TC* 与国有股权占比在 p 值为 0.1 和 0.05 的水平上显著正相关，而与非国有股权没有显著相关关系，这说明国有股权权重的保持有助于技术进步的实现。

（2）*TC* 与利润率、员工规模、资产负债率、公司成长性之间显著正相关

在 5 个方程中，*TC* 与利润率、员工规模、公司成长性三个表征积累的变量之间显著正相关，说明技术创新来自积累；而其也与资产负债率正相关，说明负债压力会促使企业进行技术创新。

（3）*TC* 与资产规模显著负相关，而与资产规模的平方项关系不确定

经检验，*TC* 与公司资产规模在 p 值为 0.01、0.05 和 0.1 的水平上显著负相关，这说明资产规模会抑制技术进步；而进一步引入资产规模的平方项时，5 个方程中只有两个显著，系数值最大也只有 0.001，3 个不显著。总体说明，较大的资产规模不利于技术进步的实现。

3. EC 的影响因素

表 6 – 11　　　　　　　　　　EC 的影响因素

变量	方程 1	方程 2	方程 3	方程 4	方程 5
HHI	− 0. 003				
n		0. 001			
State			0. 004	0. 005	0. 009
CivilPrivate			− 0. 148 ***		
Foreign			− 0. 025		
MixFP				− 0. 137 **	− 0. 261
$MixFP^2$					0. 524
ROA	− 0. 034	− 0. 028	− 0. 028	− 0. 028	− 0. 025
lnSize	0. 024	− 0. 023	0. 064 *	0. 062 *	0. 075 *
$lnSize^2$	− 0. 001	0. 001	− 0. 003	− 0. 003 *	− 0. 003 *
lnPer	− 0. 004	0. 002	− 0. 009 *	− 0. 009 *	− 0. 009 *
Leverage	0. 002	0. 011	0. 012	0. 013	0. 011
Growth	0. 041 ***	0. 044 ***	0. 052 ***	0. 052 ***	0. 053 ***
_ cons	0. 906 ***	1. 093 ***	0. 716 ***	0. 728 ***	0. 653 ***
N	670	670	670	670	670

注：＊代表 $p < 0.1$；＊＊代表 $p < 0.05$；＊＊＊代表 $p < 0.01$。

根据表 6 – 11 中模型 1—5 的检验结果，在影响综合效率（EC）的诸多因素中，我们发现：

（1）EC 与国内私有股权占比和非国有股权占比之间显著负相关，与股权集中度、股权分散度、国有股权占比之间的关系不显著

EC 与公司国内私有股权、非国有股权占比之间显著负相关，说明混合所有制改革的推进不利于公司综合利用纯技术效率和规模效率。EC 与股权集中度、股权分散度、混合主体深入性之间没有显著相关关系。

（2）EC 与公司成长性之间显著正相关

在 5 个方程中，EC 与公司成长性在 p 值为 0. 01 的水平上显著正相关，说明综合效率来自公司的稳定增长。

（3）*EC* 与资产规模正相关，与资产规模的平方项负相关，与员工规模显著负相关

方程 3、方程 4 和方程 5 表明，*EC* 与公司资产规模在 p 值为 0.1 的水平上显著正相关，而与资产规模的平方项负相关，这说明 *EC* 与资产规模之间呈现倒 U 形关系，随着资产规模的扩大，综合效率提高，但是达到一临界点之后，综合效率又会下降。

这三个方程也表明 *EC* 与员工规模显著负相关，这意味着员工数量的增加不利于综合效率的提升。

（4）*EC* 与利润率、资产负债率之间关系不显著

4. *PE* 的影响因素

表 6－12   *PE* 的影响因素

变量	方程 1	方程 2	方程 3	方程 4	方程 5
HHI	− 0.005				
n		0.000			
State			0.018	0.022	0.022
CivilPrivate			− 0.067		
Foreign			− 0.027		
MixFP				− 0.041	− 0.035
MixFP^2					− 0.020
ROA	− 0.014	− 0.008	0.000	− 0.001	− 0.003
ln*Size*	0.068	0.072	0.138	0.146 *	0.146 *
ln*Size*^{2}	− 0.003	− 0.003	− 0.007	− 0.007 *	− 0.007 *
ln*Per*	0.000	0.000	− 0.001	− 0.001	− 0.001
Leverage	0.024	0.022	0.035	0.036 *	0.035 *
Growth	0.028 ***	0.026 ***	0.029 ***	0.027 ***	0.026 ***
_ cons	0.633 *	0.614 *	0.274	0.233	0.233
N	670	670	670	670	670

注：＊代表 $p < 0.1$；＊＊代表 $p < 0.05$；＊＊＊代表 $p < 0.01$。

根据表 6－12 中模型 1—5 的检验结果，我们发现纯技术效率（*PE*）与股权结构之间的关系并不显著；与利润率和员工规模之间没有显著相关性；与资产规模和资产负债率之间的关系不确定；与公司

成长性在 p 值为 0.01 的水平上显著相关；常数项的相关性也不高。

五　本章小结

综合测度表明，研发强度仅与股权集中度显著相关，而全要素生产率与股权结构的关系并不显著；两个角度衡量的创新均与公司成长性关系显著；资产规模有助于研发强度的增加，而无助于提升全要素生产效率；员工规模有助于提升全要素生产率，无助于提升研发强度。这说明对行政垄断企业而言，熊彼特假说在其内部并不成立。

（一）以研发为创新衡量指标，国有股权占比较高的公司研发强度较高；仅股权集中度与创新显著正相关，股权构成与创新关系不显著

分行业统计描述发现，两家电信公司和两家石油开采公司在研发方面投入较多，10 年间分别投入研发费用 69.44 亿元和 8.14 亿元（消胀后），其他 63 家公司仅投入 392.64 万元。电信业、石油开采业比较重视研发，其股权集中度均值都大于 50%，国有股权占比都大于 70%；而 3 家铁路运输公司没有研发经费列支，航空运输业仅中国国航一家列支了研发经费，电力行业仅有 42.86% 的公司有研发活动，后 3 个行业的股权集中度均在 30% 以下，国有股权占比均低于 60%。

进一步运用随机变量 Tobit 模型计量分析表明，仅股权集中度与之显著相关，其他股权结构指标与之无显著相关性，这与统计描述得到的结论相一致。本书还发现，前一期利润率、资产规模和公司成长性均与研发强度关系显著，但资产规模的平方项、员工规模和资产负债率与之关系均不显著。

（二）以全要素生产率为创新度量指标，67 家行政垄断企业的全要素生产率指标均值小于 1，10 年间不但没有创新，反而落伍了；股权结构与之关系不显著，但混合主体深入性与之关系显著

总体对比可见，67 家样本企业 10 年间的生产函数前沿面下降了，追赶效应下降了，全要素生产率也下降了。由于平均技术变化（TC）

和综合效率（*EC*）都小于 1，导致全要素生产效率（*TFP*）小于 1，为 0.993。只有规模效应（*SE*）恰好为 1，说明行政垄断企业仅仅维持了规模效应。

以全要素生产率为创新因变量进行 FGLS 计量估计发现，*TFP* 与公司内部股权结构指标之间基本没有显著相关关系，但与混合主体深入性显著相关，与员工规模、资产负债率和公司成长性的关系均显著，与利润率、资产规模以及资产规模的平方项没有显著相关关系。

第七章　混合所有制改革与薪酬激励

——对股权结构与内部收入分配差距关系的考查①

2013 年 1 月 4 日，京报网转载了《南方周末》记者刘薇发表在《南方周末》上的文章《国企为王》②，题目却被改成了《报告称垄断国企职工福利优越，人均年收入超 12 万》，在吸引大量眼球并导致全国人民对垄断国企过高收入激愤不已的同时，也招致垄断国企基层员工的较低收入却"被平均"成高收入的强烈"吐槽"。究竟孰是孰非，一时间莫衷一是。但这一争论至少验证了一个事实，那就是在垄断国企内部收入差距巨大。人力资源和社会保障部发布的 2011 年《中国薪酬发展报告》显示：公司高级管理人员的收入增长偏快，部分高级管理人员的薪酬水平过高；上市公司高管年薪均值已由 2005 年的 29.1 万元增加到 2010 年的 66.8 万元，年均增长 18.1%。部分行业公司高管年薪已超过千万元，最典型的就是 2007 年平安集团总经理年薪 6616.1 万元，是当年全国企业在岗职工平均工资的 2751 倍，相当于农民工平均工资的 4553 倍。如此巨大的收入差距合理吗？判断标准是什么？

企业内部收入差距本是我国打破"大锅饭"，打破"平均主义"，倡导效率优先、兼顾公平的效果，在此过程中通过引入市场经济规律以促进经济发展。问题是，当前出现了仅重视"效率"却忽视"公

---

① 本章内容主要来自笔者博士论文：《行政垄断型行业与竞争性行业收入分配差距与合理化问题研究》，山东大学，2014 年。其精简部分发表于《软科学》2014 年第 5 期，但更新较多。

② 刘薇：《国企为王》，《南方周末》2013 年 1 月 3 日，http://www.infzm.com/content/84688。

平"的现象，出现了行业内部尤其是企业内部收入差距急剧扩大的现象，甚至出现了两极分化现象，导致了一系列不良的社会后果。这种收入差距"度"的评价标准应该是什么？在进行混合所有制改革之后，国家与企业高管之间的委托—代理关系就发生了性质的变化，管理者由原来单一受国家委托、代表并实现国家的利益，转变为受多元化所有者委托、代表该多元所有者的利益，那么收入分配还适合实行原国有企业遵循的"按劳分配"原则吗？

企业内部收入差距主要包括两个维度：一是同一类型企业内部高管与员工之间的平均收入差距；二是企业内部高管之间的收入差距。对于企业内部员工之间的收入差距，由于其划分和衡量标准难以确定和统一，故而本章并未对此展开研究。

本章第一部分是文献综述；第二部分是数据说明和预处理；第三部分是股权结构变化与行业内部收入差距变化对比；第四部分是混合所有制背景下薪酬激励与绩效关系的测度；第五部分是内部收入差距合理化的数量标准问题；第六部分是结论与研究的局限性。

一　文献综述

在混合所有制条件下，如果以公司经营绩效或者公司运营效率的提高还是降低作为评价收入差距是否合理的标准，管理学中的锦标赛理论（Tournament Theory）和行为理论得到了不同的结论。张正堂（2008）认为实际企业管理活动是复杂的，其实证研究证明，行为理论更适应中国企业高管团队之间的比较，但是，如果企业技术更加复杂、企业规模变大时，高管团队之间的薪酬差距适当拉大反而有助于提高公司的未来绩效。他同时证明，高管与员工薪酬差距整体上对公司的未来绩效影响并不显著。而国外学者如 Leonard J. S.（1990），Ang J. S.、Hauser S.、Lauterbach B.（1998）和 Conyon M. J.、Peck S. I.、Sadler G. V.（2001）等都在研究后发现薪酬差距与企业绩效没有关系，把两种理论都否定了。几种理论在实证研究之后给出了相悖的结论，孰是孰非呢？

（一）锦标赛理论

锦标赛理论（或称竞赛理论、标尺锦标赛理论，Yardstick Competition Theory）是由拉泽尔和罗森（Edward P. Lazear & Sherwin Rosen，1981）提出的，Sherwin Rosen（1986），Henderson、Andrew D. 和 Fredrickson、James W.（2001）等的后续研究也一再支持这一理论。林浚清等（2003）研究的结果就支持薪酬激励的锦标赛理论而不是行为理论。闫威（2010）认为它是一种激励机制的研究，可以减少各种不确定因素的影响以降低监督成本并提高绩效产出。张正堂（2007）认为锦标赛理论不仅分析高管人员薪酬水平的决定因素，更强调高管薪酬显著高于其他管理层级人员的特殊意义。近年来，学者将其运用于公司内部高管之间的薪酬设计研究，但是，却得出了迥然不同的结论。如胥佚萱（2010）研究发现样本上市公司的薪酬差距安排与业绩显著正相关，支持锦标赛理论；王永乐等（2010）研究发现，在中国特色的集体主义和高权力距离的激励约束条件下，不同组织层级之间员工的薪酬差距与企业绩效是正相关的，而且二者还呈现出二次曲线关系，随着组织层级的提升，薪酬差距呈扩大趋势，说明支持锦标赛理论；鲁海帆（2011）发现在风险从极低到极高不断增加的过程中，高管团队内部的薪酬差距扩大对公司未来业绩会产生先抑制后促进的作用，实际上也是支持锦标赛理论；陈冬华等（2010）通过研究556家国有非上市公司发现，在工资具有弹性的样本中，工资增长与业绩增长显著正相关，工资增长对职工具有正向激励作用；其他支持竞赛理论的还有陈震（2006）、张晨宇（2012）等。

王亚玲等（2005）则通过对比分析中美两国最高代理人的选择机制和薪酬对中美最高代理人的激励效应，认为与美国相反，中国当前行政指派代理人的机制和薪酬对代理人的弱激励效用无法满足锦标赛理论的两个前提条件，因此，认为锦标赛理论并不适用于当前的中国上市公司，也就不能将加大薪酬差距以提高公司绩效的办法简单应用于中国最高代理人的薪酬激励实践。张正堂（2007）也认为由于文化差异，竞赛理论的解释能力在我国是有限的。

（二）行为理论

行为理论包括分配偏好理论、社会比较理论、相对剥削理论和组织政治学理论等分支。卢瑞（2007）发现在管理层权力比较大的公司中，高管团队内部的薪酬差距和核心高管与全体员工的薪酬差距都更大了，但其业绩并没有变得更好；鲁海帆（2007）发现在公司施行多元化战略过程中，各业务间相关程度的加大和业务种类数量的增加一方面提升了高管层之间的薪酬差距，另一方面却会降低薪酬差距对业绩的激励作用；张正堂等（2007）、王永乐等（2010）、刘小刚（2010）的研究结果也都支持行为理论。

（三）认为薪酬差距与股权性质的相关性很高的研究

张正堂（2008）认为对于规模较大、技术复杂性较高的企业而言，适当拉大薪酬差距有助于促进企业的未来发展，但是，如果最终控制人类型是国有企业时，情况则相反，需要适当压缩高管与员工的薪酬差距。陆正飞等（2012）研究发现国有企业支付的职工工资比非国有企业高，而且中央政府控制的国有企业其普通职工的工资显著高于地方政府控制的国有企业，而地方政府控制的国有企业职工工资又显著高于非国有企业，此外，就高管薪酬而言，国有企业与非国有企业并无显著差异，但是，中央政府控制的国有企业高管薪酬显著高于地方政府控制的国有企业和非国有企业，这说明股权性质和股权性质的层级（中央和地方）都会影响薪酬差距。这就解释了为何大学毕业生偏好选择国有企业而不是民营企业，而且，对中央企业更是趋之若鹜。宋德舜（2004）发现样本国有企业中董事长是公司最高决策者，仅有政治激励能显著改善绩效，诸如金钱激励、国有股权性质、两职合一、债权人治理等因素都和绩效没有显著相关性，部分地解释了国有企业特别是中央企业与政府官员之间的"旋转门"（Revolving Door）现象。

（四）关于高管薪酬与员工薪酬差距的研究

也有学者将竞赛理论和行为理论运用于公司内部高管与员工之间的薪酬差距研究。如张正堂（2008）发现高管与员工之间的薪酬差距对组织未来绩效没有显著影响；胥佚萱（2010）使用公司前三名高管平均薪酬与员工平均薪酬的比值作为一个计量薪酬差距的指标，研究发现高管与员工之间的薪酬差距与业绩显著正相关，而且民营企业的差距也显著高于国有企业，支持竞赛理论；王永乐等（2010）也支持竞赛理论。

（五）混合所有制股权结构与薪酬激励、内部收入差距

薪酬激励是经济学和管理学研究的重点问题。在经济学视角下，比较有影响的薪酬激励理论有：委托—代理理论、人力资本理论、按贡献分配理论、分享经济理论、知识价值理论等。这些理论从不同侧面说明了薪酬，特别是绩效工资，是一种直接有效的激励手段。管理学认为现实中的个体是"社会人"，相比于经济学"理性人"假设更具现实意义。尽管各种管理学激励理论阐述的重点不同，使用的概念也并不一致，但有一个共同点就是都承认以薪酬为代表的物质激励是激励机制的基础。相关理论主要有需要层次理论、双因素理论、期望理论和激励过程综合理论等①。学界从公司治理的角度对薪酬激励问题展开了大量的研究，主要形成了两种观点：第一种是薪酬激励与企业业绩具有正相关关系，支持该种观点的有 Healy（1985），Jensen 和 Murphy（1990），李延喜、包世泽、高锐（2007），戴云、刘益平（2010），刘小鲁、聂辉华（2016）等。第二种是薪酬激励与企业业绩没什么相关性，甚至存在不确定性风险，持该种观点的主要有 Watts 和 Zimmerman（1978），Dechow 等（1995），Bergstresser 和 Philippon（2006），刘斌、刘星（2003），罗玫和陈运森（2010）等。在这些相关研究中，很少有学者关注混合所有制改革后行政垄断企业内部的薪酬差距与股权结构、企业业绩的关系。

---

① 百度百科"薪酬激励"，详见：http：//baike. baidu. com/link？url = nkGWUo1 xVdP-wLKB8GjZz4rpi0nP04o43JNMxEyDk7V_ dvg8 _ w4f53T − s9RtbesXGMSOFcwSPrL6W _ EURnS-gNxp7ImhpUuCcKur_ C4oxxshqVVBNEsOFOxYNBQ68VpmCy。

二 数据说明和预处理

股权结构的数据与第二章保持一致。

高管报酬是报告期内高管从公司领取的报酬总额，包含工资性收入和各项非工资性收入（含股权激励行权收入）。这仍是一个流量概念，不考虑其所获得的存量财富及其增值问题；考虑到公司内部高管职务变动频繁，任职不满一年者比比皆是，因此剔除这些样本，对于个别剔除后会影响样本代表性的高管收入则使用算术平均法将其收入进行年化，即所获报酬除以任职月份的份额再乘以 12。其中，"高管最高收入"指的是样本公司高管中的最高收入①，定义为行业内各最高收入的均值；"高管平均收入"指的是所有高级管理人员，如副总裁、总会计师（财务总监）、总工程师（总飞行师）、总经理助理、董事会秘书、监事会主席（不含监事，因不属于高级管理人员）等年收入的均值。

本章选取具有典型代表性的全国 32 家上市公司，以其 2006—2015 年披露的 320 份年报财务数据和其他相关数据为源数据。由于样本上市公司数均小于行业全部公司数，因此数据提取方法等同于抽样法，而以收集整理的收入均值作为比较对象，足以说明相关问题。此外，考虑到通货膨胀影响的普遍性，文中对名义收入的比较静态分析未进行消胀处理，而在使用计量工具和方法进行动态比较分析时，均对相关数据进行了相应的消胀处理。

考虑到数据可获取情况，本章选取了国民经济行业分类（GB/T 4754—2011）2 位数下 6 个行政垄断行业及其代表性上市公司②，分

---

① 公司内部最高薪人士未必是董事长或者总经理、总裁，有可能是其他高级管理人员，这可以依据中国电信、建设银行等的年报进行查证。

② 仅仅是行业代表，不能囊括行业全部情况。因为上市部分不仅只是该公司的一部分，而且只是行业的一部分，因此相对数而不是绝对数更具有比较意义。

别是石油和天然气开采业①（含石油化工）两家上市公司即中国石油
（601857）、中国石化（600028）；电信和其他信息传输业 3 家上市公
司即中国移动（HK0941）、中国联通（600050、HK0762）和中国电
信（HK0728）；航空运输业 6 家上市公司即中国国航（601111）、东
方航空（600115）、南方航空（600029）、海南航空（600221）、中信
海直（000099）和外运发展（600270）；铁路运输业 3 家上市公司即
大秦铁路（601006）、广深铁路（601333）和铁龙物流（600125）；
银行业选取全部 14 家上市银行即工商银行（601398）、建设银行
（601939）、农业银行（601288）、中国银行（601988）、交通银行
（601328）、招商银行（600036）、浦发银行（600000）、兴业银行
（601166）、中信银行（601998）、光大银行（601818）、华夏银行
（600015）、北京银行（601169）、宁波银行（002142）、南京银行
（601009）②；电力、热力生产和供应业 4 家上市公司即国电电力
（600795）、华能国际（600011）、大唐发电（601991）、华电国际
（600027）。共 32 家均已在内地和香港上市。其中，对于同时在内地
A 股和香港交易所 H 股两地上市的公司仅采用 A 股上市公司数据，不
齐全部分则引用香港上市公司的数据，这是因为通过研究该类型公司
的股权结构我们发现，两地相关收入数据基本一致。

　　另需说明的是，行政垄断行业中不仅包含国有企业，也包含私有
企业、外资企业，比如石油行业中存在大量私有石油开采企业，部分
"油老板"拥有惊人的财富值，但是由于具体数据无法获得，只能以
上市公司披露的数据作为代表。另有很多地方性电力企业也属于行政
垄断企业，如 40 多家地方性电力上市公司，由于与全国性垄断企业
有所区别，也没有被纳入统计。

---

　　①　不含中国海洋石油（HK0883），因其高管收入数据与中石油和中石化差别过大，会
影响石油行业整体收入数据测算，只能"去掉"最高值。
　　②　民生银行（600016）是中国首家民营股份制银行，平安银行（000001）的主要股
权并非国有，因此都不是混合所有制企业所特指的对象。

三 股权结构变化与行业内部
收入差距变化对比

为了进一步说明混合所有制改革的效果和影响，对比分析了股权构成和股权集中度与企业内部收入差距的情况。具体数据可参见附表13—附表18。

（一）电信业

电信业三家公司中仅有中国联通一家在内地A股上市，中国移动和中国电信均在香港上市。如图7-1所示，对比可见，2006—2015年，电信业股权结构基本保持稳定，变化很小：股权构成方面，10年平均国有股权占比72.62%，属于绝对控股，具体由2011年的71.95%上升到2015年的74.31%，标准差为0.01，有轻微上升迹象；股权集中度方面，基本稳定，HHI（赫芬达尔指数）10年均值54.88%，标准差仅有0.01。

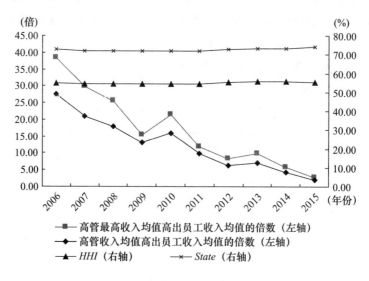

图7-1 电信业混合所有制股权结构与内部收入差距对比

　　但是行业（企业）内部收入差距变化很大，呈现明显的逐年大幅缩小的趋势：10 年间"高管最高收入"平均高出员工 15.64 倍，最高是 2006 年的 38.31 倍，最低是 2015 年的 2.84 倍；"高管平均收入"平均高出员工 11.57 倍，最高是 2006 年的 27.56 倍，最低是 2015 年的 2.07 倍。从差距倍数的标准差分别为 11.5 和 8.11 来看，各年之间差距变化非常大。这两类收入差距缩小趋势非常显著。

　　此外，"高管最高收入"最大值是 2006 年的 515.87 万元，最小值是 2015 年的 65.1 万元，标准差是 136.15，变化巨大，下降趋势明显。"高管平均收入"的最大值是 2006 年的 374.76 万元，最小值是 2015 年的 52.01 万元，标准差是 94.95，下降趋势同样明显。"员工平均收入"的最大值是 2011 年的 13.84 万元，最小值是 2008 年的 11.41 万元，收入的标准差是 2.64，相对高管收入，员工平均收入变化幅度很小，10 年间基本呈增长趋势。可见，该行业员工收入实现了稳步低幅增长，而高管收入总额和年均增长率受到有效控制，下降趋势明显。内部收入差距主要体现在收入的绝对数额上，限薪令确实起到了一定作用。

（二）铁路运输业（3 家代表）

　　广深铁路、大秦铁路和铁龙物流 3 家上市公司分别代表了铁路运输业客货运输的情况，尽管其业务规模、资产规模、营运里程占比等相对较小，不足以代表整个行业，尤其是其股权结构并不能代表整个铁路运输业的情况，但是，这三家铁路运输企业混合所有制改革后的情况，却可以部分说明该行业混合所有制改革后铁路运输业将会出现的状况和面临的问题。

　　如图 7-2 所示，对比可见，2006—2015 年，铁路运输业股权结构基本保持稳定，整体国有股权占比和股权集中度呈下降趋势，但变化较小：股权构成方面，10 年平均国有股权占比 48.17%，属于相对控股，具体由 2006 年的 51.46% 下降到 2015 年的 47.75%，标准差为 0.02；股权集中度方面，HHI（赫芬达尔指数）10 年均值 22.43%，标准差仅有 0.03。

　　与电信业相比，铁路运输业内部收入差距较小，且处于下降趋势。10 年间"高管最高收入"平均高出员工 4.7 倍，最高是 2007 年的 6.5 倍，最低是 2015 年的 3.12 倍。"高管平均收入"平均高出员工 3.03 倍，最高是 2010 年的 3.93 倍，最低是 2015 年的 2.09 倍。从差距倍数的标准差分别为 1.25 和 0.69 来看，各年之间差距基本稳定。这两类收入差距均有明显缩小的趋势。

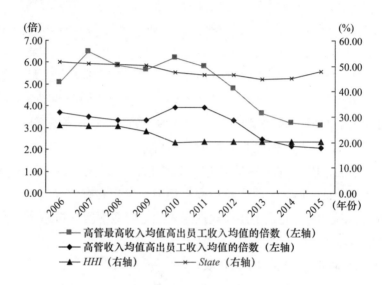

图 7 - 2 铁路运输业（3 家代表）混合所有制股权结构与内部收入差距对比

此外，"高管最高收入"的最大值是 2011 年的 67.22 万元，最小值是 2006 年的 27.89 万元，标准差是 11.24，变化较大。"高管平均收入"的最大值是 2011 年的 48.31 万元，最小值是 2006 年的 21.54 万元，标准差是 9.02，变化也较大，但在 2011 年之后出现了下降趋势。"员工平均收入"的最大值是 2011 年的 9.83 万元，最小值是 2006 年的 4.59 万元，员工收入绝对额一直处于增长趋势。

（三）航空运输业

如图 7 - 3 所示，对比可见，2006—2015 年，6 家航空运输公司代表的行业股权结构同样基本保持稳定，但国有股权占比和股权集中度整体也呈下降趋势，变化较小：股权构成方面，10 年平均国有股权占比 55.94%，保持了绝对控股，具体由 2006 年的 58.73% 下降到 2015 年的 53.77%，标准差为 0.02；股权集中度方面，*HHI*（赫芬达尔指数）10 年均值 27.16%，标准差为 0.04。

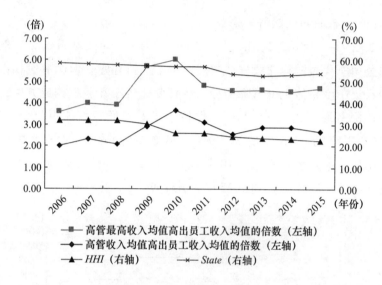

图 7-3　航空运输业混合所有制股权结构与内部收入差距对比

与电信业相比，航空运输业内部收入差距较小，与铁路运输业相似，但处于上升趋势。10 年间"高管最高收入"平均高出员工 4.65 倍，标准差为 0.76，最高是 2010 年的 6.03 倍，最低是 2006 年的 3.57 倍。"高管平均收入"平均高出员工 2.73 倍，标准差为 0.49，最高是 2010 年的 3.66 倍，最低是 2006 年的 2.02 倍。从差距倍数的标准差分别为 0.76 和 0.49 来看，各年之间差距基本稳定。这两类收入差距均呈明显扩大的趋势。

此外，"高管最高收入"均值为 94.36 万元，最大值是 2015 年的 127.79 万元，最小值是 2006 年的 52.11 万元，标准差是 25.81，增幅巨大。"高管平均收入"均值为 62.3 万元，最大值是 2014 年的 82.99 万元，最小值是 2006 年的 34.43 万元，标准差是 18.31，变化很大。"员工平均收入"均值为 16.7 万元，最大值是 2015 年的

22.52 万元，最小值是 2006 年的 11.4 万元，收入变化的标准差是 4.15，远小于高管变化幅度。因员工收入年均增长率也小于高管收入年均增长率，考虑到高管较高的增长基数，内部收入差距仍将进一步扩大。

（四）石油和天然气开采业

如图 7－4 所示，对比可见，2006—2015 年，两家石油和天然气开采公司所代表的行业股权结构同样基本保持稳定，但国有股权占比和股权集中度整体也呈下降趋势，尽管变化较小：股权构成方面，10 年平均国有股权占比 81.24%，保持了绝对控股，具体由 2006 年的 82.36% 下降到 2015 年的 80.17%，标准差为 0.01；股权集中度方面，*HHI*（赫芬达尔指数）10 年均值 68.25%，标准差为 0.01，由 2006 年的 70.22% 下降到 2015 年的 65.69%。

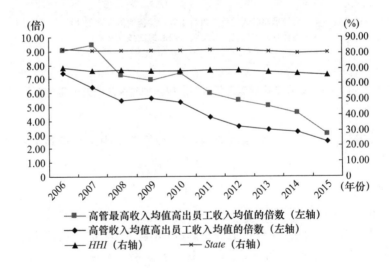

图 7－4　石油和天然气开采业混合所有制股权结构与内部收入差距对比

注：样本仅选取中石油和中石化，不含中海油。

与电信业相比，石油和天然气开采业内部收入差距较小，10 年间"高管最高收入"平均高出员工 5.86 倍，最高是 2007 年的 9.46 倍，最低是 2015 年的 3.06 倍。"高管平均收入"平均高出员工 4.26 倍，最高是 2006 年的 7.44 倍，最低是 2015 年的 2.51 倍。从差距倍数的标准差分别为 1.99 和 1.58 来看，各年之间差距有所变化。这两类收入差距缩小的趋势非常显著。

此外，"高管最高收入"最大值是 2013 年的 110.26 万元，最小值是 2006 年的 73.15 万元，标准差是 13.17，变化较大。"高管平均收入"的最大值是 2014 年的 80.19 万元，最小值是 2006 年的 61.46 万元，标准差是 6.42。"员工平均收入"的最大值是 2015 年的 19.18 万元，最小值是 2006 年的 7.28 万元，收入变化的标准差是 4.46，小于高管变化幅度。员工收入年均增长率高于高管收入年均增长率，尽管高管具有较高的增长基数，但是，该行业内部收入差距确有缩小的趋势。

（五）电力和热力行业

如图 7-5 所示，对比可见，2006—2015 年，4 大发电集团（华能国际、大唐发电、华电国际、国电电力）公司所代表的电力行业股权结构同样基本保持稳定，但国有股权占比和股权集中度整体也呈下降趋势，尽管变化较微小：股权构成方面，10 年平均国有股权占比 62.29%，保持了绝对控股，具体由 2006 年的 66.43% 下降到 2015 年的 59.43%，标准差为 0.02；股权集中度方面，HHI（赫芬达尔指数）10 年均值 23.2%，标准差为 0.01。

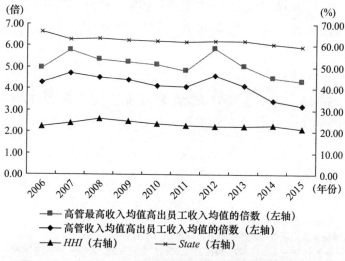

图 7-5 电力业混合所有制股权结构与内部收入差距对比

电力业内部收入差距情况是：10 年间"高管最高收入"平均高出员工 5.05 倍，最高是 2012 年的 5.87 倍，最低是 2015 年的 4.34 倍。"高管平均收入"平均高出员工 4.08 倍，最高是 2007 年的 4.72 倍，最低是 2015 年的 3.18 倍。从差距倍数的标准差分别为 0.49 和 0.5 来看，各年之间差距变化不大。这两类收入差距均有明显缩小的趋势。

此外，"高管最高收入"最大值是 2015 年的 90.46 万元，最小值是 2006 年的 60.68 万元，标准差是 9.57，变化较大，逐年上升趋势明显。"高管平均收入"的最大值是 2013 年的 76.05 万元，最小值是 2006 年的 53.68 万元，标准差是 6.28，变化较大，也呈逐年上升趋势。"员工平均收入"的最大值是 2015 年的 16.93 万元，最小值是 2006 年的 10.16 万元，收入的标准差是 2.17，变化幅度小于高管，但整体也呈逐年上升趋势。该行业内部收入差距有缩小的趋势。

（六）银行业①

如图 7-6 所示，对比可见，2006—2015 年，14 家银行业上市公司所代表的行业股权结构同样基本保持稳定，但国有股权占比和股权集中度都出现了波动，尽管变化较小：股权构成方面，10 年平均国有股权占比 44.66%，行业整体上已经是相对控股②，最高值是 2006 年的 47.73%③，最低值是 2008 年的 39.46%，标准差为 0.02；股权集中度方面，HHI（赫芬达尔指数）10 年均值 19.17%，标准差仅有 0.01。

银行业内部收入差距巨大，10 年间"高管最高收入"平均高出员工 11.58 倍，最高是 2007 年的 18.52 倍，最低是 2015 年的 6.16 倍。"高管平均收入"平均高出员工 6.49 倍，最高是 2007 年的 9.45

---

① 这里的行业数值是 14 家上市银行相关数据的算术平均值而不是加权平均值，进一步深入研究需要以总资产规模、业务规模作为权重，才更为科学合理。

② 仍然保持着绝对控股的分别是农业银行、建设银行、工商银行、中国银行、光大银行和中信银行 6 家，其他 8 家银行均已经改革成为相对控股。

③ 农业银行和光大银行均在 2010 年上市，作为权重股，2006—2009 年未被纳入统计，这导致本统计结果 2006—2009 年间的代表性较弱。

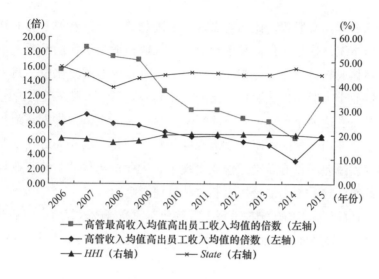

图 7-6　银行业混合所有制股权结构与内部收入差距对比

倍，最低是 2015 年的 3.11 倍。从差距倍数的标准差分别为 4.35 和 1.82 来看，各年之间差距变化较大。这两类收入差距均有明显缩小的趋势。

此外，"高管最高收入"最大值是 2008 年的 426.53 万元，最小值是 2015 年的 228.04 万元，标准差是 61.24，变化很大，高管最高收入上涨的势头得到有效遏制。"高管平均收入"的最大值是 2007 年的 214.9 万元，最小值是 2015 年的 130.96 万元，标准差是 31.51，有缩小的迹象。"员工平均收入"的最大值是 2014 年的 33.24 万元，最小值是 2006 年的 15.49 万元，标准差是 5.64，显著小于高管收入变化幅度。可见，该行业员工收入年均增长率高于高管收入年均增长率，行业内部收入差距有缩小的趋势。

（七）6 大行业股权结构与收入差距的变化趋势对比

综合对比 6 大行政垄断行业股权结构与薪酬差距的情况，我们发现股权集中度和国有股权占比均呈现下降趋势的行业有 4 个，分别是铁路运输业、航空运输业、石油和天然气开采业及电力业，而电信业和银行业则持平；非国有股权占比呈现上升趋势的有 3 个，分别是石油和天然气开采业、电力业和银行业，铁路运输业持平，而电信业和航空运输业呈现下降趋势。需要说明的是，10 年间航空运输业国有股权占比和非国有股权占比同时出现了下降趋势，这一看似矛盾的现象是源于本统计描述的仅仅是各行业前十大股东股权占比的情况，十大股东整体股权占比之和显然不是100%，而处于不断变化中，其中航空运输业十大股东以外股权占比的变化影响到了十大股东股权占比。

参照发达国家私有企业内部薪酬差距巨大的报道，收入差距扩大应该是企业内部薪酬差距应该出现的趋势。但是中国6大行政垄断行业内部薪酬差距仅有航空运输业出现了扩大化的趋势，其他行业均呈缩小趋势，这看不出混合所有制改革有何影响。

所有行业员工的薪酬都呈现上升趋势，而高管收入仅有电信业和银行业呈现下降趋势，其他行业高管的收入也呈现上升趋势，见表7-1。

表7-1　　　2006—2015年6大行业各项指标变化趋势一览表

	股权集中度（HHI）	国有股权占比（State）	非国有股权占比（MixFP）	高管最高收入均值高出员工收入均值的倍数	高管收入均值高出员工收入均值的倍数	高管收入变化趋势	员工收入变化趋势
电信业	→	→	↘	↘	↘	↘	↗
铁路运输业	↘	↘	→	↘	↘	↗	↗
航空运输业	↘	↘	↘	↗	↗	↗	↗
石油开采业	↘	↘	↗	↘	↘	↘	↗
电力业	↘	↘	↗	↘	↘	↘	↗
银行业	→	→	↗	↘	↘	↘	↗

注：→代表持平或者不明显；↗代表上升趋势；↘代表下降趋势。

（八）其他特别需要说明的情况：石油和天然气开采业未统计中国海洋石油的情况

上述收入测算未计入中国海洋石油有限公司，是因为与中石油和中石化相比，中海油职工总数一直很少，2011年仅有5377人，占三大石油公司的0.57%，权重不高，但是，其个体和总体收入都很高，若将该公司收入情况纳入整个石油行业统计，会导致行业平均收入提高4—5倍，使石油行业收入统计数据失去客观、公允性，因此，这里将其收入情况单列，仅列示2006—2011年的情况，详见表7-2。

表 7 – 2　中国海洋石油公司内部收入差距情况

	2006 年	2007 年	2008 年	2009 年	2010 年	2011 年	平均	标准差	5 年增长（%）	年均增长（%）
高管最高收入（万元）	963.40	1130.20	1204.30	1042.70	1330.60	638.20	1051.57	239.20	– 33.76	– 7.91
高管平均收入（万元）	519.81	537.66	618.50	594.67	723.47	490.32	580.74	84.54	– 5.67	– 1.16
员工平均收入（万元）	19.71	25.54	28.04	28.28	38.69	31.06	28.55	6.27	57.57	9.52
高管最高收入高出员工的倍数（倍）	47.88	43.26	41.95	35.87	33.39	19.55	36.98	10.01	—	—
高管平均收入高出员工的倍数（倍）	25.37	20.06	21.06	20.03	17.70	14.79	19.84	3.53	—	—

中海油内部收入差距非常巨大，这可能与其行业特性有关，如工作环境、工作条件、技术难度等。2006—2011 年"高管最高收入"平均高出员工 36.98 倍，最高是 2006 年的 47.88 倍，最低是 2011 年的 19.55 倍。"高管平均收入"平均高出员工 19.84 倍，最高是 2006 年的 25.37 倍，最低是 2011 年的 14.79 倍。从差距倍数的标准差分别为 10.01 和 3.53 来看，各年之间差距变化很大。

以中海油香港上市公司为代表，我们发现"高管最高收入"最大值是 2010 年的 1330.6 万元，最小值是 2011 年的 638.2 万元，标准差是 239.2，变化非常巨大，5 年减少了 33.76%，年均减少 7.91%。"高管平均收入"的最大值是 2010 年的 723.47 万元，最小值是 2011 年的 490.32 万元，标准差是 84.54，5 年减少了 5.67%，年均减少 1.16%。"员工平均收入"的最大值是 2010 年的 38.69 万元，最小值是 2006 年的 19.71 万元，收入的标准差是 6.27，变化幅度较大，5 年增长了 57.57%，年均增长 9.52%。可见，该行业员工收入也实现了稳步增长，但是距高管薪酬水平仍有巨大差距。

（九）各自行业内部高管与员工之间的平均收入差距情况

2006—2015 年，各自行业内部高管与员工平均收入差距最大的是电信业，高管高出员工 11.57 倍；银行业高出 6.49 倍；石油和天然气开采业高出 4.26 倍；铁路运输业高出 3.03 倍；航空运输业高出 2.73 倍；电力、热力生产和供应业高出 2.38 倍。详见表 7 - 3。

表 7 - 3　　各自行业内部高管与员工 2006—2015 年平均收入差距情况

	电信业	银行业	石油和天然气开采业	铁路运输业	航空运输业	电力业
内部差距（倍）	11.57	6.49	4.26	3.03	2.73	2.38

四 混合所有制背景下薪酬激励与绩效关系的测度

对于混合所有制改革与薪酬激励的关系①，本书关注的是股权结构变化条件下薪酬差距与绩效之间的内在联系，通过研究企业内部收入差距与衡量绩效的主要指标之间的相关性来考察，所涉及的主要理论依据是竞赛理论和行为理论。

参考谌新民等（2003）、宋德舜（2004）、张正堂（2007）、李维安等（2010）、胥佚萱（2010）、陆正飞等（2012）相关学者研究假定和变量设定的经验，结合本书旨在测度薪酬差距与绩效关系的目标，确定本章的研究假设和变量情况。

（一）研究假设与模型设计

本部分从"高管层"之间的薪酬差距和"高管与员工"之间的薪酬差距两个角度进行研究设计。

1. 高管层之间的薪酬差距

从高管内部"绝对"收入差距和"相对"收入差距与总资产收益率或者总营业收入之间的关系展开研究，控制行政垄断以及其他重要影响因素组成的个体效应和时间趋势效应等，设定模型如下：

$$\text{L. } \ln Gap1_i = \alpha ROA_i + \beta \text{L. } Contrvarialble_{mi} \qquad (7-1)$$

$$\text{L. } \ln Gap1_i = \alpha \ln BI_i + \beta \text{L. } Contrvarialble_{mi} \qquad (7-2)$$

$$\text{L. } Gap2_i = \alpha ROA_i + \beta \text{L. } Contrvarialble_{mi} \qquad (7-3)$$

$$\text{L. } Gap2_i = \alpha \ln BI_i + \beta \text{L. } Contrvarialble_{mi} \qquad (7-4)$$

其中，i 指的是各公司；$Contrvarialble_{mi}$ 指的是各控制变量，依次是：$Type$、$DYear$、$Dual$、$BoardInde$、$BoardSu$、$Mshare$、HHI、$State$、

---

① 混合所有制与薪酬激励的关系，涉及所有制类型（结构）与收入分配的关系，关系到所有者与管理者、生产者三方当事人之间的利益分配问题，其实质是"劳资"双方如何分配产出的问题。马克思认为"生产资料所有制在生产关系中具有决定性意义，决定着生产资料的分配"，但本章考查的是混合所有制背景下薪酬激励的效果。

CivilPrivate、*Foreign*、*MixFP*、ln*TA*、ln*Per*、*CRisk*、ln*Mlevel*、*Meffi*、*Rgdp*、*CPI*、*LNM2*，详见表 7 – 4，下同。

2. 高管与员工之间的薪酬差距

从高管与员工之间的绝对收入差距和相对收入差距与总资产收益率或总营业收入之间的关系展开研究，控制行政垄断以及其他重要因素，设定模型如下：

$$L.\ln Gap3_i = \alpha ROA_i + \beta L.\, Contrvarialble_{mi} \qquad (7-5)$$

$$L.\ln Gap3_i = \alpha \ln BI_i + \beta L.\, Contrvarialble_{mi} \qquad (7-6)$$

$$L.\,Gap4_i = \alpha ROA_i + \beta L.\, Contrvarialble_{mi} \qquad (7-7)$$

$$L.\,Gap4_i = \alpha \ln BI_i + \beta L.\, Contrvarialble_{mi} \qquad (7-8)$$

（二）变量设定

本书主要变量见表 7 – 4，计量中用到的变量数据均进行了消胀处理（对于涉及绝对数值的变量均进行消胀处理，而相对值则无须消胀处理）。另需说明的变量情况如下：

表 7 – 4　　　　　　　　　　　　变量设定

变量符号		变量名称	变量的经济学含义	计算方法
因变量	ln*Gap1*	高管内部收入绝对差距	高管最高收入与高管平均收入之间的绝对差距	ln（高管最高收入 – 高管平均收入）
	Gap2	高管内部收入相对差距	高管最高收入与高管平均收入之间的相对差距	高管最高收入 ÷ 高管平均收入
	ln*Gap3*	高管收入与员工收入的绝对差距	全部高管平均收入与员工平均收入之间的绝对差距	ln（高管平均收入 – 员工平均收入）
	Gap4	高管收入与员工收入的相对差距	全部高管平均收入与员工平均收入之间的相对差距	高管平均收入 ÷ 员工平均收入
自变量	*ROA*	总资产收益率	净利润与平均总资产的比值	净利润 ÷［（期初总资产 + 期末总资产）÷2］
	ln*BI*	营业收入	经营产生的收入，含非主营业务收入	ln（营业收入）

续表

变量符号		变量名称	变量的经济学含义	计算方法
其他变量	*BoardInde*	董事会独立性	独立董事比率	独立董事÷董事会人数
	BoardVi	监事会规模	监事会人数	监事会人数
	Mshare	内部人控制率	管理层控制情况	管理层持股量或者股票增值权÷总股本
	HHI	股权集中度	大股东的控制能力	前十大股东持股比例的平方和
	State	国家股占比	国有股权控制力	前十大股东中国家股占比之和
	CivilPrivate	国内私有股占比	国内私有股权影响力	前十大股东中国内私有股占比之和
	Foreign	外资股占比	外资股权影响力	前十大股东中外资股占比之和
	MixFP	非国有股占比	非国有股权影响力	前十大股东中非国有股占比之和
	ln*TA*	资产规模	平均总资产	ln［（期初总资产＋期末总资产）÷2］
	ln*Per*	员工规模	员工总数	ln（全部在职员工总数）
	CRisk	资本结构风险	衡量财务风险的影响	总负债÷总资产
	ln*Mlevel*	人均管理费用水平	平均每个职工耗费的管理费用	ln（管理费用÷员工总数）
	Meffi	管理效率	每单位管理费用产生的营业收入	营业收入÷管理费用

注：除绩效外，其他变量滞后一阶使用；计量不包括银行业上市公司，仅选取其他 5 个行业 18 家上市公司。

1. 高管收入差距的衡量

对于高管收入差距，一般相关学者借鉴国外学者的经验，使用的都是高管收入前三位与扣除这三位之外的高管收入的平均值之间的绝对或者相对收入。但是，笔者在整理上市公司年报高管收入数据时发现，各公司高管人员变动较为频繁，导致高管收入最高的前三位不但人员而且岗位（职位）也经常随之变动，而收入数据与职位和岗位都是相关的，具有一定的稳定性和持续性，因此，计量中若使用不断变换的三位收入最高的高管将导致数据仅具有统计意义，却失去经济学和管理学意义。若即使高管中收入最高的人员职位发生变动，也选取最高的收入，对比的收入差距就会具有经济学和管理学意义，因为在具体管理实践中，最高职位和最高收入不但是同一层次团队组织内成员关注的焦点，而且是大股东、董事会在处理委托—代理问题时关注的焦点。因此，本章中所指的高管收入差距试用"高管最高收入"与扣除"最高收入"之外的其他高管平均收入之间的绝对和相对差距。

2. 测度高管和员工竞争需求假设的解释变量

一个自变量采用总资产收益率（ROA）而不是净资产收益率，是因为净收益是由总资产而不仅仅是由净资产创造的，总资产收益率的高低直接反映了公司的竞争实力和发展能力，也就能更好地反映高管和员工对总资产的运用情况，而且可以反映企业综合经营管理水平的高低。此外，众所周知，国有企业比民营企业更容易获得银行贷款和其他各类贷款，因此，非常有必要以总资产产生的收益情况为衡量标准。

另一个自变量采用营业收入（Business Income）而不是净利润（Net Profit）是因为营业收入更能体现所有员工的价值创造，在确定员工薪酬之后才核算净利润，而且薪酬具有一定的黏性（或者刚性）。这里不计入营业外收入，因为营业外收入与员工的贡献关系不大。但是，进行因变量与各解释变量之间的多重共线性检验时，发现该变量与其他变量之间存在严重的多重共线性，只能舍弃。

3. 其他变量

考虑到收入差距设计的问题比较复杂，我们必须控制可能的重要影响因素。魏刚（2000）的研究发现：高级管理人员的年度报酬与上市公司的经营业绩并不存在显著的正相关关系，其报酬水平与企业规模存在显著的正相关关系，与其所持股份存在负相关关系，并受所处行业景气情况的影响。黄珺（2010）研究了中国金融类上市公司高管薪酬的影响因素，发现显著相关的是公司规模、前五大股东持股比例，但是公司业绩、董事会规模、独立董事比例与高管薪酬不相关。

（1）股权构成与股权集中度两类股权结构因素

股权构成通过国有股权占比、国内私有股权占比、外资股权占比和非国有股权占比来衡量；股权集中度使用赫芬达尔指数（HHI）来衡量。二者均采用前十大股东股权占比来测度。

（2）高管权力因素

高管可能运用自身掌握的较大的管理权力为自身和员工谋取较高的收入，因此，必须对此因素进行控制。其一就是学者们经常关注的两职合一因素，其二包括董事会独立性、监事会规模、内部人控制率、大股东持股率等。其中，内部人控制率使用管理层持股量占总股本的比例，或者使用股票增值权占总股本的比例来测度。笔者认为管理层持有股票增值权，相当于持有相应份额的股份。

（3）公司规模和经营风险因素

主要有总资产规模、员工规模、资本结构风险（设定为总资产负债率）、人均管理费用水平、管理效率等。其中，管理效率采用狭义概念，即管理活动本身所耗费的成本（主要指管理费用）与所带来的收益的比例关系，这里用管理费用与营业收入的比值替代。这些指标的大小也同时对应着管理层级的多少。陈震（2006）通过对我国上市公司2004年度数据的实证研究发现，公司高管层级差报酬会随公司规模的扩大而增加，而一般行政垄断企业规模相对较大或者很大，层级很多，这些因素必须被纳入考虑。

（三）计量回归结果与检验

运用Stata13软件，采用上述整理获得的面板数据，分别对高管之间的薪酬差距和高管与员工之间的薪酬差距进行计量运算与检验。为避免各解释变量之间的多重共线性问题，本章分别计算各模型假设中每一个多元回归方程所涉及解释变量的膨胀因子estat vif，对于造成严重多重共线性的解释变量进行剔除，最后保留的解释变量有总资产收益率、董事会规模、董事会独立性等11个；在对相关模型均进行Hausman检验之后，发现检验结果均接受原假设，表明应使用随机效应模型。由于营业收入与各自变量之间存在较严重的多重共线性，暂时无法考察其与内部收入差距之间的关系，而其他自变量对内部收入差距的影响程度各不相同。具体的测算结果见表 7 - 5。

表 7 - 5　　内部收入差距与其影响因素之间关联度的测算结果

变量	lnGAP1	GAP2	lnGAP 3	GAP4
总资产收益率（ROA）	0. 330	- 0. 362	1. 156 **	8. 668 *
股权集中度（HHI）	1. 946 **	0. 893 ***	0. 365	- 0. 281
国有股权占比（$State$）	- 5. 846 ***	- 1. 262 ***	- 3. 608 ***	- 15. 064 ***
非国有股权占比（$MixFP$）	- 0. 907	0. 293	- 1. 940 ***	- 11. 685 ***
员工数量（lnPer）	0. 096	- 0. 076 ***	0. 350 ***	1. 917 ***
资产负债率（$Leverage$）	- 0. 334	0. 097	- 0. 398 ***	- 2. 396 *
董事会规模（$Board$）	0. 063 *	- 0. 016 *	0. 140 ***	0. 110
董事会独立性（$BoardInde$）	5. 436 ***	1. 871 ***	1. 101	- 2. 672
监事会规模（$BoardVi$）	- 0. 082 **	0. 024 **	- 0. 191 ***	- 0. 957 ***
人均管理费用水平（ln$Mlevel$）	0. 609 ***	0. 035	0. 463 ***	2. 996 ***
管理效率（$Meffi$）	0. 015 ***	0. 000	0. 015 ***	0. 037
常数项_ cons	3. 254 ***	2. 026 ***	1. 869 ***	4. 872
观测值 N	180	180	180	180

注：* 代表 p < 0.1，* * 代表 p < 0.05，* * * 代表 p < 0.01。

总体来看，无论是绝对收入差距还是相对收入差距，影响最大的因素是国有股权占比，二者显著负相关，表明国有股权占比越大，薪酬差距越小，这应该是 2009 年的"限薪令"[1] 发挥了作用。股权集中度仅与高管薪酬差距正相关，表明股权越集中，高管获得的薪酬收

---

[1]　财政部 2009 年发布《关于金融类国有和国有控股企业负责人薪酬管理有关问题的通知》，详见 http://govinfo. nlc. gov. cn/gtfz/zfgb/czbwg/2009nd2q_ 54687/201603/P0201603 11668448581150. html；人力资源和社会保障部等六部门于 2009 年联合出台的《关于进一步规范中央企业负责人薪酬管理的指导意见》，详见 http：//news. xinhuanet. com/fortune/2009 - 09/16/content_ 12063945. htm。

益就会越高，表明高管薪酬受大股东的影响很大。

1. 高管层之间的薪酬差距与股权结构

考虑到混合所有制改革后的股权结构因素之后，就薪酬差距的回归结果来看，与薪酬差距显著相关的因素有股权集中度、国有股权占比、董事会规模、董事会独立性、监事会规模、人均管理费用水平6个。其中，股权集中度与薪酬差距之间显著正相关。而李维安（2013）却发现股权集中度的估计系数显著为负，认为上市公司的大股东在制约经理权力方面发挥了积极作用，这与本研究的结论相左。国有股权占比与薪酬差距在 p 值为 0.01 的水平上显著负相关。董事会独立性与薪酬差距在 p 值为 0.01 的水平上显著正相关。

与高管薪酬差距之间的关系不显著的变量有总资产收益率、非国有股权占比、资产负债率；其他变量如人均管理费用水平和管理效率仅仅与绝对收入差距关系显著。

2. 高管与员工之间的薪酬差距与股权结构

根据高管与员工之间薪酬差距的回归结果，与薪酬差距显著相关的有总资产收益率、国有股权占比、非国有股权占比、员工数量、资产负债率、监事会规模、人均管理费用水平7个因素。其中，显著负相关的有国有股权占比、非国有股权占比、资产负债率、监事会规模4个因素，这表明，无论是国有股权还是非国有股权都会抑制高管与员工之间薪酬差距的扩大。显著正相关的有总资产收益率、员工数量、人均管理费用水平。

与薪酬差距之间关系不显著相关的因素有股权集中度、董事会独立性；仅与绝对收入差距显著相关的有董事会规模和管理效率，均为正相关。

五　内部收入差距合理化的数量标准问题

部分上市公司规定了其内部高管之间以及高管与员工之间的收入

差距①，有的上市公司仅给出了其薪酬政策，但并未给出具体的数量化标准，如广深铁路规定："公司对薪酬实行预算管理……公司员工的薪酬主要由基本工资、补贴及福利计划组成。"并对其中的概念作了说明②，还规定了分配原则③，可见，该国有企业的工资分配政策符合国家相关政策，而且注重效率激励作用，也同时兼顾了公平原则。

严格说来，这些规定在国有垄断企业中是广泛存在着的，而且对于工资总额和工资水平国家也有相关规定，如国资发分配〔2004〕227 号《中央企业负责人薪酬管理暂行办法》（2009 年重发）、2004 年 6 月 11 日国资委制定的《中央企业负责人薪酬管理暂行办法实施细则》、国资发分配〔2007〕229 号《关于加强中央企业负责人第二业绩考核任期薪酬管理的意见》、国税发〔2007〕118 号《关于中央企业负责人年度绩效薪金延期兑现收入和任期奖励征收个人所得税问题的通知》、2009 年 1 月 13 日财政部办公厅印发的《金融类国有及国有控股企业负责人薪酬管理办法（征求意见稿）》、2009 年 9 月 16 日人力资源和社会保障部会同中央组织部、监察部、财政部、审计署、国资委等单位联合下发的《关于进一步规范中央企业负责人薪酬管理的指导意见》等，地方政府也颁布实施了一些薪酬管理办法，如山东省国资委 2005 年 4 月发布的鲁国资分配〔2005〕5 号《山东省省管企业负责人薪酬管理暂行办法》等。

这些法规、政策或者文件对于社会普遍关注的国有企业薪酬问题

---

① 参见大秦铁路 2012 年年度报告："总经理年薪不超过公司年度职工平均工资的 12 倍，副总经理、财务负责人、董事会秘书等高级管理人员年薪不超过公司年度职工平均工资的 10 倍。"

② 参见广深铁路 2012 年年度报告："基本工资包括岗位工资、技能工资以及按照规定在应付工资项目下列支的各项津贴、补贴，绩效工资是指与经济效益、社会效益挂钩考核的工资，或按工作量计件考核的计件工资，或与员工岗位业绩挂钩考核的绩效工资等，而福利计划包括按照政策规定缴纳的各项社会保险、住房公积金等。"

③ 参见广深铁路 2012 年年度报告："在员工薪酬的分配过程中，公司一贯坚持按劳分配和效率优先、兼顾公平的原则，即员工薪酬分配以宏观调控为前提、以岗位劳动评价为基础、以员工绩效考核为依据，充分发挥分配制度在公司激励机制中的重要作用，调动广大员工的积极性。"

及时给予了政策规定和规范，只不过在具体执行过程中，考虑到各种具体实际情况，其效果可能不尽如人意。但是，政策标准、数量标准都是有的，只是执行效力的问题。根据 2015 年高管收入变化情况来看，电信业和银行业的高管薪酬均出现了大幅下降，而铁路运输业、电力业则小幅上升。

六　结论与研究的局限性

作为社会主义公有制经济的主要组成部分，该类型国有企业理应落实社会主义公有制的基本分配方式和基本分配原则，因此，"按劳分配"原则就应当继续作为其主要的分配原则；而在该类型行业上市后，原来全民所有制的国有企业就变成了混合所有制的股权结构企业，其股权拥有者理应获得相对应的资本性收益，而专利和专业技能持有者、额外风险承担者等也应获得相对应的收入，这就是"其他分配方式为补充"存在的合法性。至于行政垄断行业内部是否应坚持"按劳分配为主，其他分配方式为辅"的收入分配方式，值得进一步商榷。

引用上市公司 2006—2015 年 10 年年报财务数据，本章对比分析了典型代表性行政垄断行业与竞争性行业共 6 个行业各自内部的收入差距情况，主要是对流量的考察，但同时也考察了增量部分。各自内部的收入差距情况是：电信业内部收入差距是最大的，"高管平均收入"高出员工 11.57 倍，银行业以 6.49 倍次之，电力行业最小，仅有 2.38 倍；石油、电力、银行、电信 4 个行业尽管员工的报酬总额与高管相比仍有较大甚至很大的差距，但是职工收入的年增长率均超过了高管年收入的年增长率。

为探寻这种薪酬差距与混合所有制改革的关系，本章借助于研究收入差距与经营绩效关系的竞赛理论和行为理论设计了计量模型，并运用上市公司微观面板数据进行检验，结果发现，股权集中度与高管之间的薪酬差距高度正相关，而与高管和员工之间的薪酬差距不相

关；国有股权占比与两类薪酬差距都显著负相关；非国有股权占比仅
与高管和员工之间的薪酬差距显著负相关，而与高管之间的薪酬差距
不相关。

本章的研究局限性在于，计量分析时选取的行政垄断行业上市公
司的数量是 18 家，样本数量较少，可能会影响计量检验的结果，进
一步的研究有必要增加其他行政垄断企业样本上市公司的数量以增强
说服力。此外，需要说明的是，众所周知，中国的行政垄断企业的高
管尤其是最高管理者的选择，是"半任命制"①，而不是借助于成熟
市场机制产生的经理人市场选聘或者内部竞聘，而这种"半任命制"
决定了被任命的高管必须要受到"任命人"多元化目标函数的影响与
制约，因为这里的"任命人"是政府代表的国家，而国家是全国人民
的委托人，在中国现行体制下，其目标函数必然是多元的而不是一元
的，"任命人"更无法像现代企业中的一般自然人或者法人股东一样
仅仅履行监督责任，行政干预成了常见的"政治"现象，由此也就决
定了绩效指标不能作为行政垄断型企业唯一的考核和评价标准，这在
一定程度上可能也会影响本研究的结论。

---

① 傅成玉明确表示："其一，央企是半任命制的人事结构，我们完全听政府的。其二，
中央绝对不会站在你企业的立场去想问题，而是从全国的利益出发。"《傅成玉回忆在中海
油年代：千万年薪一分没动，都上交了》，《中国青年报》，http：//www. chinadaily. com. cn/
hqpl/zggc/2013 – 03 – 08/content_ 8447314. html，2013 年 3 月 8 日。

第八章 混合所有制改革有效性的指标 评价体系设计与测度

高明华（2015）认为只有竞争性国企才适合发展混合所有制，而提供公共品的公益性国企和提供准公共品的自然垄断国企以及稀缺资源开发国企都不适合发展混合所有制，因为不同产权主体混合的目的是追求利润最大化，后者，也就是本书研究的对象，恰恰不能以追求利润最大化作为单一绩效考核标准。问题是，股份化了的尤其是上市之后的行政垄断企业已经进行了混合所有制改革，因此有必要对此进行恰当的评价，而对上市公司的评价显然离不开绩效标准，不然无法向多元化了的股东交代。本章试图以"混改的有效性"为标准，以推进"有效混改"为目标，量化设计科学的指标评价体系，以对"混改"的效果进行客观、合理的评价。

一　混合所有制改革有效性评价 指标的设计原则

《国务院关于国有企业发展混合所有制经济的意见》（国发〔2015〕54 号）中有关于混合所有制改革出发点和落脚点的论述："当前，应对日益激烈的国际竞争和挑战，推动我国经济保持中高速增长、迈向中高端水平，需要通过深化国有企业混合所有制改革，推动完善现代企业制度，健全企业法人治理结构；提高国有资本配置和运行效率，优化国有经济布局，增强国有经济活力、控制力、影响力和抗风险能力，主动适应和引领经济发展新常态；促进国有企业转换经营机制，放大国有资本功能,实现国有资产保值增值,实现各种所有制资本取长补短、相互促进、共同发展,夯实社会主义基本经济制度的微观基础。在国有企业混合所有制改革中,要坚决防止因监管不到位、改革不彻底导致国有资产流失。"很显然,该文件明确了混合所有制改革的目的、方向和衡量标准。

(一) 混合所有制改革有效性的衡量标准

从改革动机的角度将混合所有制改革分为两类:一类是实质性混合所有制改革,以实现生产效率提升、业绩提升、创新能力和创新效果提升为目的,是高质量的混改;另一类是策略性混合所有制改革,通过股权构成的快速多元化来迎合政府"混改"政策的"风向",国企监管者借此来完成"政治任务",但并不注重"混改"后企业效益的综合提升。很显然,后者仅仅是一种形式上的股权改革,而不是实质上的,在此情况下,非国有股东仅仅是搭了国有股权的便车,并没有发挥"混改"所希望其发挥的"鲶鱼效应"。

改革动机与改革效果在理论上应该是相一致的,如果改革后生产效率、管理效率和业绩提升了,表明国有经济的活力、影响力和抗风险能力均增强了;如果改革后国有资产规模扩大了,表明国有经济的控制力、影响力和抗风险能力也均增强了,同时也实现了国有资产的保值增值;如果创新能力提升了,表明国有经济不但适应了经济新常态,而且能够引领新常态。这些指标都表明社会主义基本经济制度的微观基础得到了进一步的夯实。

因此,有效"混改"的衡量标准就应该是生产效率、管理效率、业绩、资产规模、创新等。

(二) 混合所有制改革有效性的衡量维度

衡量"混改"的有效性应有两个维度:横向维度和纵向维度。横向维度是同一时期,对已经开展了"混改"和未开展"混改"的企业进行横向对比;纵向维度是历史比较,对现在已经进行了"混改"的企业进行纵向对比——"混改"前后对比。

从这两个角度进行实证研究,都需要可供对比的参照物。问题是,本书研究的行政垄断行业缺乏横向对比的样本,因为绝大多数研究对象都已经开展了"混改",未开展"混改"的同类型企业即使存在,其数据也难以可靠查询;同样地,历史角度的研究也会遇到这个问题:很多行政垄断企业历经改制重组,资本主体变化较大,"混改"的数据难以全面收集。刘小玄、李利英(2005)在研究企业产权变革时较早遇到了类似问题,他们根据混合所有制改革中产权变化的推进方向,利用现有某一特定时段的可查数据,对"混改"后的样本进行纵向业绩对比,认为如果"混改"后业绩有所提升,说明"混改"的效果得以实现。按照这种研究方法和分析方法,"混改"开始的"时点问题"就不再重要了,只需截取"混改"后企业业绩变化的方向,就可以此反推"混改"的效果,该做法值得本书借鉴。

因此,有效"混改"的衡量维度是后向历史维度,即自考察点开始向后进行效果比较的维度。

二　具体衡量标准

根据上述衡量原则,具体衡量指标的含义及测算方法如下。

(一)生产效率变化情况

1. 生产效率

众所周知,生产效率衡量的是既定投入下的产出或者既定产出下的投入情况。使用该指标衡量混合所有制改革的效果,需要得到每一个考察时期投入产出情况,然后做纵向对比。投入项使用总资产投入和劳动力投入,而劳动力投入可以通过现金流量表中的"支付给职工以及为职工支付的现金"来衡量,产出项只能使用营业收入,营业收入尤其是主营业务收入是衡量企业业绩的一个重要指标,与总资产收益率相比,它更偏重对产出情况的衡量。

因此有:

生产效率=营业收入÷[总资本(年均)+劳动力支付]

2. 管理效率

是运用投入产出分析工具研究管理状况的一种科学方法,广义的管理效率是指管理活动中投入和产出的比例关系，具体到一个企业和单位，就是总的投入和总的产出的关系；而狭义的管理效率指的是管理活动本身所耗费的成本（一般耗费成本指的是管理费用）与所带来的收益（营业收入）之间的比例关系。本书使用狭义的管理效率概念以便与生产效率相区分。

管理效率 = 营业收入 ÷ 管理费用

（二）总资产收益率（ROA）变化情况

使用总资产收益率而不是净资产收益率，主要是为考量企业全面、综合使用资金的能力，而净资产仅是总资产的一部分，无法有效衡量"混改"后公司治理下的整体资金使用能力。总资产收益率的高低直接反映了公司的竞争实力和发展能力。

总资产收益率 = 总利润 ÷ 平均总资产

（三）营业收入增长率变化情况

营业收入增长率指企业本年营业收入总额与前一年营业收入总额差值的比率，它表示与前一年相比，主营业务收入的增减变动情况，是评价企业成长状况和发展能力的重要指标。

营业收入增长率 = （本年度营业收入总额 – 前一年度营业收入总额） ÷ 前一年度营业收入总额

（四）总资产增长率变化情况

使用总资产增长率来衡量资产规模，更能体现企业的发展能力，反映资产规模的增长情况。

总资产增长率 = （期末总资产 – 期初总资产） ÷ 期初总资产

（五）创新能力变化情况

发明专利、全要素生产率等指标可用于衡量创新能力。但是，因为部分企业为了利用国家鼓励创新的产业政策，进行了"策略性创新"活动。如黎文靖、郑曼妮（2016）研究发现，那些受产业政策激励的公司其专利申请数量确实显著增加了，但这种增加仅仅是"非发明专利"的显著增加，而在专利中最有价值的是"发明专利"，外观设计和实用新型专利的价值难以与之相提并论，而中国的产业政策并未对此作明确区分，以至于为了获得产业政策的支持，很多企业尤其是能够获得政策补贴支持的企业就偏重追求"数量"——非发明专利，而忽略"质量"——发明专利，这其实是一种策略性创新而不是实质性的创新。他们进一步研究发现，选择性产业政策只激励企业策略性创新，企业为"寻扶持"而创新的行为只在国有企业、非高新技术行业中显著，创新的"数量"增加了，但是创新的"质量"并没有显著提高。这意味着需要查询到企业所有专利中发明专利的数量，显然，这一数据难以查询。

而全要素生产率是衡量创新能力的一个替代指标。这里的全要素生产率指的是除资本和劳动力因素之外的推动生产发展的因素，根据著名的"索洛剩余"理论，该因素主要就是技术进步因素。

三 测度结果

根据上述测度指标，对电力、电信、航空运输、铁路运输和石油5个行政垄断行业进行逐一测度。该阶段中国经济增长的大环境是：2006年、2007年中国经济过热，2008年之后中国为应对世界经济危机采取了一系列刺激措施，而当前中国经济已经进入中低速增长的新常态，各行业的生产效率、资产收益率、成长性显然受到经济整体变化形势的影响。

（一）电信业

2006—2015年，电信业平均生产效率为50.73%，整体呈现下降趋势，最大值是2008年的54.13%，最小值是2015年的46.71%；管理效率均值7.33，整体呈现上升趋势，最大值是2015年的9.52，最小值是2009年的6.09；总资产收益率（ROA）均值8.11%，整体呈现下降趋势，最大值是2007年的11.32%，最小值是2015年的5.41%；成长性（营业收入增长率）均值0.94%，整体呈现下降趋势，最大值是2008年的8.91%，最小值是2014年的-6.86%；总资产增长率均值1.62%，整体呈现上升趋势，最大值是2008年的18.01%，最小值是2007年的-6.97%。详见表8-1。

表 8 - 1 电信业混合所有制改革有效性评价

年份	生产效率 （%）	管理效率	ROA（%）	营业收入 增长率（%）	总资产增长率 （%）
2006	50.18	7.53	8.92	2.09	-4.08
2007	52.55	6.96	11.32	-1.12	-6.97
2008	54.13	7.05	11.01	8.91	18.01
2009	49.17	6.09	8.76	-1.59	0.79
2010	48.57	6.70	7.99	-2.00	-2.31
2011	51.09	6.86	7.89	2.59	-3.15
2012	52.24	7.81	7.41	4.23	7.29
2013	52.93	6.87	6.62	3.98	-1.59
2014	49.68	7.92	5.78	-6.86	0.00
2015	46.71	9.52	5.41	-0.84	8.20
平均	50.73	7.33	8.11	0.94	1.62

在上述 5 个指标中，管理效率和总资产增长率整体呈现增长趋势，其他指标都呈现下降趋势。

（二）电力业

2006—2015 年，电力业平均生产效率为 32.67%，整体呈现下降趋势，最大值是 2006 年的 36.87%，最小值是 2015 年的 27.69%；管理效率均值 30.7，整体呈现上升趋势，最大值是 2011 年的 36.57，最小值是 2006 年的 25.03；总资产收益率（ROA）均值 3.14%，整体呈现上升趋势，最大值是 2007 年的 5.04%，最小值是 2008 年的 - 0.54%；成长性（营业收入增长率）均值 2.53%，整体呈现下降趋势，最大值是 2010 年的 15.52%，最小值是 2006 年的 - 15.62%；总资产增长率均值 7.09%，整体呈现下降趋势，最大值是 2007 年的 34.1%，最小值是 2006 年的 - 8.31%。详见表 8 - 2。

在上述 5 个指标中，管理效率和总资产收益率（ROA）整体呈现增长趋势，其他指标都呈现下降趋势。

表 8 - 2　　　　　　　　　电力业混合所有制改革有效性评价

年份	生产效率（%）	管理效率	ROA（%）	营业收入增长率（%）	总资产增长率（%）
2006	36.87	25.03	4.57	-15.62	-8.31
2007	35.57	27.31	5.04	7.49	34.10
2008	32.10	28.71	-0.54	7.04	7.26
2009	31.05	30.33	2.55	12.48	25.76
2010	31.62	34.03	2.19	15.52	3.26
2011	34.42	36.57	1.76	14.38	6.80
2012	33.08	34.46	2.83	-1.24	-0.66
2013	32.67	32.28	4.00	-1.71	-0.47
2014	31.67	30.25	4.42	-1.91	3.06
2015	27.69	28.07	4.57	-11.12	0.07
平均	32.67	30.70	3.14	2.53	7.09

（三）石油业

2006—2015 年，石油业平均生产效率为 122.38%，整体呈现轻微上升趋势，最大值是 2011 年的 145.07%，最小值是 2015 年的 91.94%；管理效率均值 27.83，整体呈现上升趋势，最大值是 2012 年的 33.31，最小值是 2006 年的 22.47；总资产收益率（ROA）均值 7.66%，整体下降趋势明显，最大值是 2006 年的 13.87%，最小值是 2015 年的 2.2%；成长性（营业收入增长率）均值 2.89%，整体呈现下降趋势，最大值是 2010 年的 29.17%，最小值是 2015 年的 -28.65%；总资产增长率均值 2.65%，整体呈现下降趋势，最大值是 2009 年的 8.22%，最小值是 2014 年的 -3.48%。详见表 8 - 3。

在上述 5 个指标中，生产效率和管理效率整体呈现增长趋势，其他指标都呈现下降趋势。

表 8 – 3 石油业混合所有制改革有效性评价

年份	生产效率（%）	管理效率	ROA（%）	营业收入增长率（%）	总资产增长率（%）
2006	119.05	22.47	13.87	14.95	0.98
2007	117.98	24.13	12.74	2.94	6.47
2008	124.59	26.64	7.90	11.57	3.73
2009	101.68	22.75	7.76	– 14.00	8.22
2010	124.39	27.88	8.74	29.17	3.05
2011	145.07	32.16	7.50	21.91	5.37
2012	141.93	33.31	5.88	2.52	4.03
2013	132.66	31.31	5.77	– 4.21	1.26
2014	124.53	32.94	4.28	– 7.31	– 3.48
2015	91.94	24.71	2.20	– 28.65	– 3.14
平均	122.38	27.83	7.66	2.89	2.65

（四）铁路运输业

2006—2015 年，铁路运输业平均生产效率为 40.71%，整体呈现上升趋势，最大值是 2014 年的 44.8%，最小值是 2006 年的 31.89%；管理效率均值 23.46，除去 2015 年异常值后，整体呈现下降趋势，最大值是 2007 年的 20.18，最小值是 2014 年的 14.73；总资产收益率（ROA）均值 9.37%，整体呈现上升趋势，最大值是 2014 年的 10.25%，最小值是 2009 年的 8.14%；成长性（营业收入增长率）均值 7.06%，整体下降趋势显著，最大值是 2007 年的 37.26%，最小值是 2012 年的 – 3.39%；总资产增长率均值 2.57%，整体下降趋势显著，最大值是 2006 年的 18.03%，最小值是 2011 年的 – 11.26%。详见表 8 – 4。

在上述 5 个指标中，生产效率和总资产收益率（ROA）整体呈现增长趋势，其他指标都呈现下降趋势。

表 8 - 4　　　　　　　铁路运输业混合所有制改革有效性评价

年份	生产效率（%）	管理效率	ROA（%）	营业收入增长率（%）	总资产增长率（%）
2006	31.89	16.50	8.33	10.89	18.03
2007	39.06	20.18	9.78	37.26	3.65
2008	37.10	17.63	8.93	-0.87	5.29
2009	41.28	16.69	8.14	20.67	12.41
2010	40.96	17.56	9.50	10.47	5.13
2011	41.61	18.29	10.10	-0.87	-11.26
2012	42.55	16.93	9.54	-3.39	-1.81
2013	44.09	16.45	9.88	1.78	-4.06
2014	44.80	14.73	10.25	-2.53	-6.13
2015	43.78	79.63	9.28	-2.78	4.46
平均	40.71	23.46	9.37	7.06	2.57

注：铁路运输业 2015 年管理费用出现大幅下降，是因为广深铁路依据 2015 年 1 月 21 日中铁总下发的《中国铁路总公司运输成本费用管理核算规程》，原在管理费用核算的运输生产人员的工资附加费自 2015 年会计期间统一在营业成本核算。其他两家代表性公司管理费用没有发生较大变化。

（五）航空运输业

2006—2015 年，航空运输业平均生产效率为 51.62%，整体呈现下降趋势，最大值是 2010 年的 59.24%，最小值是 2015 年的 45.44%；管理效率均值 31.86，整体呈现上升趋势，最大值是 2014 年的 37.58，最小值是 2006 年的 23.98；总资产收益率（ROA）均值 1.56%，整体呈现上升趋势，最大值是 2010 年的 6.9%，最小值是 2008 年的 -9.78%；成长性（营业收入增长率）均值 3.21%，整体呈现下降趋势，最大值是 2010 年的 42.06%，最小值是 2009 年的 -9.72%；总资产增长率均值 2.95%，整体呈现上升趋势，最大值是 2010 年的 19.38%，最小值是 2007 年的 -4.44%。详见表 8 - 5。

表 8 – 5　　　　　　　　　航空运输业混合所有制改革有效性评价

年份	生产效率（%）	管理效率	ROA（%）	营业收入增长率（%）	总资产增长率（%）
2006	52.64	23.98	0.44	8.37	– 1.95
2007	54.49	28.31	2.44	0.50	– 4.44
2008	51.15	30.03	– 9.78	– 7.39	– 0.04
2009	46.25	30.18	1.94	– 9.72	0.26
2010	59.24	33.33	6.90	42.06	19.38
2011	57.30	33.22	4.44	7.31	3.26
2012	54.27	34.70	2.67	– 2.09	2.64
2013	48.71	34.10	1.75	– 6.98	5.09
2014	46.68	37.58	1.90	– 0.37	2.83
2015	45.44	33.18	2.88	0.38	2.49
平均	51.62	31.86	1.56	3.21	2.95

在上述 5 个指标中，管理效率和总资产收益率（ROA）整体呈现增长趋势，其他指标都呈现下降趋势。

（六）创新能力

我们使用求 Malmquist Index（Fare et al.，1994）的办法测算全部样本企业的相关创新效率指标，主要是全要素生产效率（TFP）、技术进步（TC）、综合效率（EC）和纯技术效率变化（PE）等，以弥补直接统计对比的不足。具体以各企业 2006—2015 年的营业收入作为产出项，以总资产和员工人数作为投入项，将数据对数化后运用 DEAP2.1 软件进行产出导向（Output）规模收益可变（VRS）的测算，得到 5 大行政垄断行业 2006—2015 年各年 Malmquist Index，详见表 8 – 6。

根据上述测度结果，10 年间综合效率均值 0.999、技术进步均值 0.994，说明无论是追赶效应还是前沿面移动效应，5 大行政垄断行业都比较差，甚至有所退步。全要素生产率均值 0.993，表明整体而言，5 大行政垄断行业创新能力很差。

表 8 – 6   **2006—2015 年 5 大行政垄断行业年均**
Malmquist Index 概况

年份	综合效率变化（EC）	技术变化（TC）	纯技术效率变化（PE）	规模效率变化（SE）	全要素生产效率变化（TFP）
2006	0.910	1.097	0.929	0.979	0.997
2007	1.048	0.912	1.031	1.017	0.956
2008	0.994	1.002	0.997	0.997	0.997
2009	1.015	0.985	1.012	1.003	1.000
2010	1.015	0.994	1.022	0.993	1.010
2011	1.009	0.989	1.008	1.000	0.998
2012	1.003	0.998	0.999	1.005	1.001
2013	0.998	0.997	0.994	1.004	0.995
2014	1.005	0.995	1.004	1.002	1.001
2015	0.998	0.981	0.997	1.001	0.979
平均	0.999	0.994	0.999	1.000	0.993

四 5 大行业混合所有制改革有效性评价情况

2006—2015 年 10 年间，5 大行政垄断行业"混改"有效性情况总体如表 8 – 7 所示。

表 8 – 7   5 大行政垄断行业混合所有制改革有效性评价汇总

指标＼行业	生产效率	管理效率	ROA	营业收入增长率	总资产增长率
电信业	－	＋	－	－	＋
电力业	－	＋	＋	－	－
石油业	＋	－	－	－	－
铁路运输业	＋	－	＋	－	－
航空运输业	－	＋	＋	－	－

注：＋表示上升趋势，－表示下降趋势。

依据年报公布的财务数据纵向考察"混改"效果，发现生产效率实现提升的有石油业和铁路运输业 2 个行业，管理效率没有实现提升的仅有铁路运输业，总资产收益率实现提升的有电力业、铁路运输业和航空运输业，营业收入增长率均没有实现提升，总资产增长率实现提升的仅有电信业 1 个行业。

综合来看，各项指标实现程度参差不齐，创新能力没有明显提升，混合所有制改革的效果有待进一步提高。

第九章 结论、政策建议与研究展望

一 结论

混合所有制改革有效性的判断标准是"有利于国有资本放大功能、保值增值、提高竞争力,有利于各种所有制资本取长补短、相互促进、共同发展"。其目的是提高国有资本运作效率,进而带动私有资本运作效益的提升,最终促进整个国民经济的健康发展,而不是所有制的"混改"本身。为此,第一,要搞清楚现有国有经济混合所有制改革的进展情况,尤其是在行政垄断行业这样备受社会公众和学界关注的行业中。第二,要搞清楚混合所有制股权结构对企业绩效产生了什么影响,非国有股权比重在多大程度上影响了企业绩效。第三,要搞清楚"混改"后各所有制类型主体之间有没有"恰当"的股权比例关系,也就是股权制衡程度如何,这种股权制衡对企业绩效产生了何种影响。第四,要搞清楚能否通过创新能力的提升推动行政垄断企业的发展,并在明确行政垄断企业创新能力的基础上,判断混合所有制改革对创新产生了何种影响。第五,要搞清楚如何评价"混改的有效性"。第六,要搞清楚如何进一步开展"有效混改"。为了解决上述问题,本书运用近 10 年的面板数据,从 6 个方面对石油业、电力业、电信业、航空运输业、铁路运输业 5 大典型行政垄断行业企业开展了深入研究,基本结论如下。

（一）行政垄断企业混合所有制股权结构改革并未带来企业绩效的显著改善

电信业和石油业国有股权占比较高，业绩整体呈现下降趋势，而航空运输业和电力业国有股权占比相对较低，业绩尽管有所波动，但均整体平稳。运用衡量股权结构与公司绩效关系的财务绩效模型和投入产出模型计量发现，股权集中度（或分散度）与公司绩效之间没有显著相关关系；国有股权与企业绩效显著相关；外资股权与企业财务绩效弱相关，而与产出强相关；国内私有股权仅与下一期公司绩效显著相关。

（二）行政垄断企业混合所有制股权制衡程度基本稳定，对绩效影响有限

5 大行政垄断行业非国有股权制衡度基本保持平稳。以营业收入作为绩效的考量指标受到外资股权制衡度的显著影响，却与国内私有股权制衡度没有显著关系；以总资产收益率（ROA）作为绩效考量指标时，无法判断其与股权制衡的关系。这说明非国有股东的股权制衡作用尚不完善，非国有股东可能更倾向于"搭便车"。

（三）与竞争性行业相比，行政垄断行业创新贡献度很低，而创新效率相差无几

采用 2011—2013 年的数据，分析了衡量创新投入维度的 R&D 人员、R&D 经费、项目数、项目经费支出、技术获取和技术改造经费、新产品开发项目数、新产品开发经费支出等项目，分析了衡量创新产出维度的专利申请数、发明专利申请数、有效发明专利数、新产品销售收入等项目。结果表明，6 个行政垄断行业在两个维度的整体创新贡献度都大幅度落后，而使用专利申请效率和新产品销售收入效率衡量的创新效率则相差无几。

（四）国有股权属性不应成为判断国有企业创新能力高低的指标

针对部分学者认为国有企业创新能力最低的判断，在探讨国有企业范围的界定、剖析其他学者论证过程与其研究结论的关系，甚至重新探讨"经济人"这一前置假设之后，选取中国汽车零部件及配件制造业这一竞争性行业中的微观企业数据，使用 Malmquist Index 对比分析了国有企业和私有企业上市公司的创新情况。测算结果表明，整体上国企反而比私企的创新能力更高，细分企业对比也是各有千秋，认为这两种相反的判断可能互为悖论；前者是锢于"非此即彼"的传统经济学思维和判断模式的结果，后者则指出导致国有企业创新能力低与高是所有制属性与人性取舍之间相互综合作用的结果。

（五）行政垄断企业混合所有制股权结构与创新的关系并不显著

本书对 5 个行政垄断行业的创新情况及其影响因素进行了直观对比，发现电信业和石油开采业研发投入巨大，研发强度保持稳定，其股权集中度均大于 50%，国有股权占比均大于 70%；而航空运输业研发投入稀少，电力行业仅有 42.86% 的公司有研发，两者股权集中度均小于 30%，国有股权占比均低于 60%。对离散性研发强度使用 Tobit 模型、对 Malmquist Index 使用 FGLS 进行检验估计，发现研发强度仅与股权集中度显著相关，与股权结构没有显著关系；而全要素生产率与股权结构的关系并不显著。

（六）使用生产效率、管理效率、*ROA*、营业收入增长率、总资产增长率以及创新能力作为评价指标，得出行政垄断行业"混改"的效果有待于进一步提高

研究发现生产效率实现了提升的仅有石油业和铁路运输业 2 个行业；管理效率除铁路运输业外都实现了提升；总资产收益率实现了提升的有电力业、铁路运输业和航空运输业；营业收入增长率均没有实现提升；总资产增长率实现提升的仅有电信业 1 个行业。

10 年间综合效率均值 0.999、技术进步均值 0.994，说明无论是追赶效应还是前沿面移动效应，5 大行政垄断行业都比较差，甚至有所退步。全要素生产率均值 0.993，表明整体而言，5 大行政垄断行业创新能力很差。

（七）独立董事和资产规模均对企业财务业绩起抑制作用

本书发现，董事会独立性、资产规模、员工数量、资产负债率、管理费用水平和管理效率等因素都与公司业绩关系显著，但是董事会独立性和资产规模两者对公司业绩起到的是负面作用。这意味着"高大上"的独立董事有可能在追求具体企业所不追求的社会目标。统计对比表明，一般的独立董事来源于科研院所，科研背景影响了他们的偏好，可能更重视企业的社会责任，尤其是国有企业非财务业绩的社会责任。

实证结果还表明，资产规模扩大反而使企业业绩下降，而行政垄断企业一般都具备较大的规模，如何克服大企业病也是公司治理力图解决的问题。

二　政策建议

以混合所有制改革为契机，以公司治理机制完善和调整为条件，大力推进现代企业制度建设，增强国有企业尤其是行政垄断企业创新发展能力，助推中国经济在新常态下早日走出世界经济危机的影响。

（一）正确认识混合所有制改革

混合所有制改革的"混合"并不是目的，而是手段，不宜借此强求实现国企的创新发展，"一混就灵"不切实际。

行政垄断企业表面化、简单化的股权结构多元化或者国有股占比的降低并不一定就能实现"混改"的政策目标，公司治理结构的改善和治理效能的提升才是关键。王甄、胡军（2016）的研究也一再证实了这一判断。

中国的混合所有制改革是行政权力安排下的主动改革，想当然地将股权构成当成了外生变量，但是曹廷求、杨秀丽、孙宇光（2007）研究发现股权结构是内生的。这意味着我们不应将股权构成的此消彼长作为改革目的，它仅仅是一种手段，目的是通过非国有股权占比增加后，发挥其监督和督促作用，促使混合所有制的国有企业经理人员加强创新，提升绩效，创造更多社会财富。全要素生产率与股权结构的关系不显著，说明"混改"并没有起到推动国有经济创新的积极作用，这必然影响"混改"效果的实现；反过来，通过创新有效推进"混改"只是手段，并不是目的，目的是做大做强做优国有经济。吴延兵（2012）认为创新具有不同于一般生产的特殊属性，开展过的国有企业改革措施无助于实现创新产生的剩余索取权与剩余控制权的匹配，因而无法改善国有企业的创新效率。

因此，应调整社会公众的认识水平，以免对国有企业混合所有制改革有过高的期待。

第一，股权集中度或股权分散度并不是混合所有制改革追求的目标，而仅是过程、手段。

第二，对于行政垄断企业混合所有制改革效果的绩效评价应综合考量，既要有利于控制成本，节约资源，提升财务绩效，也应增加产出，增进社会福利。

第三，应正确对待国有股权对于企业业绩的正面作用，不能因为当前国家经济发展进入新常态后企业经营过程中出现了一些困难和问题就片面否定公有制，中国国有经济发展的历程表明单一私有化并不适合中国。

第四，应辩证对待非国有股权的正面作用。国有企业向民营资本、国外资本开放，其目的是促进国有企业转换经营机制，进一步完善现代企业制度，健全企业法人治理结构，进而提高国有资本配置和运行效率。非国有资本显然并非一旦引入就万事大吉，它们并不能督促企业节约成本，仅对产出有较大影响，因此，允许其"搭便车"不可避免，更应督促其承担起监督、制衡国有资本，以改善经营管理、提升绩效的责任。

（二）混合所有制改革的目的应通过优化公司治理架构、制度和机制来实现

现有的"混改"只是"策略性混改"，而不是"实质性混改"。为了"混合"而"混改"未必能够达到混合所有制改革的目的。这意味着下一步"混改"的推进更应重视实质性目的的实现，毕竟，混合所有制本身并不是改革的最终目的，引入非国有资本实现股权制衡仅仅是手段。混合所有制改革的最终目的的实现必须通过进一步优化公司治理架构，完善公司治理制度和机制才能实现，同时，也能有效抵销混合所有制改革后各类型股东的适应性成本，也就是各股东之间能够顺利磨合、适应，起到"混改"所追求的互相监督制衡的作用。

国有股权作为行政垄断行业企业的主体，更应主动关注内部治理机制的升级与改善，发挥非国有股东的监督制衡作用。根据股权比重，非国有股东在董事会和监事会人选、高级经理人员任命与考核方面，应有与其股权相匹配的话语权。在现有条件下，非国有股东偏好于"搭便车"，而不是通过制衡大股东并与大股东一起提升公司治理结构，监督公司高级管理人提升企业绩效。毕竟，非国有股东进入行政垄断行业，其直接目的是借国有企业既有的市场优势地位、市场资源，分享经济利益。如果"搭便车"就能实现该目的，便没有动机去监督制衡国有股东进一步督促职业经理人提升公司治理水平，提升业绩。一般文献认为国有股东处于强势地位，非国有股东无力影响公司治理，但这只是非国有股东不能有效发挥其监督制衡作用的借口。国有股权既然能够主动积极引入非国有股权，就应通过升级公司治理机制，给予非国有股东发挥其监督制衡作用的机会。

应通过改善公司治理机制、提升公司治理水平来推动创新，而不能依赖"资产规模"的人为扩大。国有企业应适度控制资产规模，避免、减缓"大企业病"。资产规模与全要素生产率的关系并不显著，说明在行政垄断企业中熊彼特假说并不成立。资产规模的大小与促进创新与否并无必然联系，它应该是企业内生变量，而不是外生变量。国家创新能力和创新战略不可能通过国有企业拉郎配式的兼并重组实现，因为企业管理理论说明：资产规模越大，管理成本就越高，再加上国有企业所有人虚置，委托—代理成本就会高企，进而恶化、破坏国企的良性发展。

（三）处理好混合所有制条件下"按劳分配"与"按资分配"的关系

在中国特色社会主义制度中，国有企业控制力强的领域应该坚持按劳分配原则，但应适当增加其他分配形式的存在。

行政垄断行业内部应坚持"按劳分配为主，其他分配方式为辅"的收入分配方式。作为社会主义公有制经济的主要组成部分，该类型国有企业理应落实社会主义公有制的基本分配方式和基本分配原则，那么，"按劳分配"原则就应当继续作为其主要的分配原则；而在混合所有制改革后，该类型行业上市后，其股权拥有者理应获得相对应的资本性收益，而专利和专业技能持有者、额外风险承担者等也应获得相对应的收入，这就是"其他分配方式为补充"的合法性。

（四）通过环境规制，督促行政垄断企业加大创新投入，通过综合创新促进改革

在 5 个行政垄断行业中，石油业、铁路运输业、航空运输业、电力行业都是碳排放大户。中国 57.14% 的电力企业没有研发活动，79.59% 的电力企业全要素生产率小于 1；航空运输业 10 家中仅有 1 家有研发投入，有 9 家全要素生产率低于 1。这说明电力和航空运输企业对于降低碳排放非常消极，而电力和航空运输企业一般以煤炭或石油作为燃料，而化石燃料的低效使用是造成中国"雾霾新常态"的主要推手之一。降低碳排放必须依赖创新，提高资源使用效率，加大环境规制力度，提高环境污染成本，有效督促航空运输、铁路运输、电力企业提高全要素生产效率。

（五）应设计多元化而不是单一化的评价"混改"效果的评价指标

进行企业业绩类评估时，有必要区分营业收入和总资产收益率，尤其是对于国有企业而言，资产收益率不一定是大股东唯一追求的目标，产权的国有属性意味着其必然要承担一定的社会职能。对于国有企业而言，稳定有效地为社会提供产品是其不能推脱的使命，这是国有企业天然的社会责任，该使命和责任的实现可能会影响利润率，这就要求对其进行绩效评估时应采用综合指标，而不应单纯依赖某一单项指标。

在全球经济不景气的背景下，行政垄断企业应保持适当的增长率，通过稳定有力的国有经济熨平世界经济危机的影响。行政垄断企业适当的增长率是推动国家实现创新战略的经济基础；做大做强做优国有经济不是走回头路，不等于国进民退，而是有效应对世界范围经济危机的不二选择。

三 本书研究的不足之处

本书存在的主要问题是：

第一，5大行政垄断行业的代表性不足。仅仅选取5大行政垄断行业作为代表，并不能反映中国行政垄断行业存在的全部问题，这主要是因为中国各行政垄断行业有所差别，上市公司与未上市公司更是存在着诸如股权结构、公司治理等方面的巨大差别。

第二，未能深刻剖析制约行政垄断行业创新与发展的"内外"瓶颈、机制。

第三，尚未就其他国家可资借鉴的经验展开研究。

第四，对混合所有制最优股权结构以及各混合所有制主体之间的适应性等问题尚未展开深入探讨。

第五，尚不清楚新常态下混合所有制企业的公司治理究竟应如何改革才能适应混合所有制股权结构。

第六，混合所有制下"劳资"分配的合理化差距问题研究尚未展开。

四 进一步研究展望

行政垄断企业不但其进入、退出以及在位企业的数量都是行政权力这个外生变量设定的，而且企业内部的股权结构也是行政权力安排的，如此非市场化的设计，如何通过混合所有制改革催生创新公司治理机制？中国的混合所有制改革，在新常态下必须按照市场原则，务实、有序推进，不宜急躁冒进。与上述研究不足相对应，需要进一步研究的问题主要是。

（一）深入剖析制约行政垄断行业创新的"内外"瓶颈、机制，重点研究其与竞争性行业创新机制的区别或差距

进一步探索行政垄断行业内部制约其自身创新的"内在"瓶颈和

机制，重点研究其与竞争性行业创新机制的区别，尤其是差距，为破解制约其创新的内在瓶颈和机制提供理论和实证支撑；探索制约行政垄断行业"混改"创新的外部政策、制度、法律法规以及价值观念、人文环境等因素。

（二）提炼成熟市场化国家经验的可资借鉴之处

厘清成熟市场化国家鼓励和支持本国行业创新的政策、制度和法规；通过资料筛查与深层次研究，分离出其弊端和缺陷，结合中国客观实际，客观评价其适应于中国情况的现实局限性与可行性。如美国2008年金融危机后为在部分重点行业和企业进行"救市"所展开的"国有化混改"，以及救市结束后美国逐步退出国有化的"私有化混改"，客观评价其借鉴价值。

（三）探寻混合所有制企业最优股权结构及其优化调整机制

什么样的股权结构最能发挥各种资源的产出效益？应设计什么样的机制去实现这一点？显然，历史上并没有通用的确切答案，需要对现实经济发展的实践进一步进行总结。

（四）深刻探讨混合所有制主体的生态适应性问题

在现有公有制制度背景保持稳定的条件下，具有创新活力的各类型所有制主体应如何发挥其主观能动性，适应现有条件，利用现有资源，推陈出新，实现行业的创新与发展，也是值得探讨的问题。应继续深刻探讨行政垄断行业的创新主体如何在现有条件下通过自身的适应性调整和突破性努力实现行业乃至全社会的创新与发展。

（五）探索优化新常态下混合所有制企业的公司治理方式

新的公司治理模式必然需要根据混合所有制改革后的股权结构进行适应性调整，优化委托—代理机制。

附 录 1

附表 1   **电信业行业业绩与股权结构变化**   单位:%，亿元

年份	ROA	lnRevenue	Revenue	HHI	Nindex	State	CivilPrivate	Foreign	MixFP
2006	8.14	14.04	137.70	57.27	1.88	73.35	1.50	14.19	15.70
2007	11.42	13.99	136.16	56.79	1.91	72.74	1.83	14.27	16.10
2008	10.37	14.12	148.29	56.88	1.90	72.72	1.50	14.30	15.80
2009	7.08	14.09	145.93	56.87	1.90	72.82	0.90	14.50	15.39
2010	6.18	14.07	143.01	56.86	1.90	72.79	1.19	14.31	15.51
2011	5.98	14.11	146.72	56.86	1.90	72.69	1.38	14.32	15.71
2012	5.61	14.17	152.92	57.29	1.87	73.15	0.96	14.44	15.40
2013	5.19	14.22	159.01	57.66	1.84	73.59	0.63	14.49	15.12
2014	4.61	14.14	148.11	57.28	1.85	73.02	0.54	14.88	15.42
2015	4.32	14.12	146.86	57.03	1.87	73.78	1.47	14.81	16.28
均值	6.89	14.11	146.47	57.08	1.88	73.06	1.19	14.45	15.64

附表 2   **石油业行业业绩与股权结构变化**   单位:%，亿元

年份	ROA	lnRevenue	Revenue	HHI	Nindex	State	CivilPrivate	Foreign	MixFP
2006	13.20	15.65	639.16	70.22	1.45	82.36	0.39	15.51	15.90
2007	12.16	15.68	657.93	68.50	1.48	81.40	0.35	15.33	15.68
2008	7.18	15.80	734.05	68.82	1.47	81.54	0.26	15.19	15.44
2009	7.77	15.65	631.26	68.47	1.48	81.33	0.39	15.26	15.65
2010	8.57	15.91	815.38	68.47	1.48	81.34	0.30	15.24	15.54
2011	7.39	16.11	994.03	68.94	1.47	81.71	0.36	14.99	15.35
2012	5.78	16.13	1019.06	68.90	1.47	81.70	0.35	14.98	15.33
2013	5.66	16.09	976.18	67.67	1.50	80.71	0.15	16.30	16.45
2014	4.09	16.01	904.80	66.86	1.52	80.10	0.12	16.16	16.27
2015	2.35	15.68	645.57	65.69	1.56	80.17	0.11	16.13	16.24
均值	7.41	15.87	801.74	68.25	1.49	81.24	0.28	15.51	15.78

附表 3 　　　　铁路运输业行业业绩与股权结构变化　　　单位:% , 亿元

年份	ROA	lnRevenue	Revenue	HHI	Nindex	State	CivilPrivate	Foreign	MixFP
2006	9.28	10.20	5.12	26.53	8.28	51.46	6.11	8.06	14.17
2007	9.07	10.71	7.02	26.23	9.44	51.05	4.80	6.60	11.40
2008	8.52	10.67	6.96	26.20	9.50	50.48	3.58	6.72	10.30
2009	8.80	10.74	8.40	24.17	9.76	50.22	3.30	6.58	9.88
2010	9.87	10.86	9.28	19.98	9.78	47.54	4.41	6.53	10.93
2011	9.89	10.91	9.20	20.25	9.66	46.45	7.03	6.69	13.72
2012	8.46	10.97	8.89	20.24	9.62	46.47	6.21	6.50	12.71
2013	7.90	10.96	9.05	20.24	9.86	44.93	4.06	8.40	12.45
2014	6.83	10.99	8.82	20.22	9.90	45.32	3.41	8.79	12.20
2015	6.18	11.00	8.57	20.28	9.79	47.75	3.17	8.15	11.32
均值	8.48	10.80	8.13	22.43	9.56	48.17	4.61	7.30	11.91

附表 4 　　　　航空运输业行业业绩与股权结构变化　　　单位:% , 亿元

年份	ROA	lnRevenue	Revenue	HHI	Nindex	State	CivilPrivate	Foreign	MixFP
2006	4.28	11.46	18.50	32.03	3.37	58.73	4.38	15.97	20.35
2007	3.70	11.21	17.66	31.82	3.37	58.03	4.53	16.23	20.76
2008	−3.83	11.20	16.41	31.72	3.39	57.83	3.04	16.14	19.18
2009	2.58	11.08	14.73	30.26	3.49	57.38	4.10	16.04	20.13
2010	6.37	11.35	20.89	25.88	4.09	57.10	4.59	14.15	18.74
2011	4.99	11.42	22.41	25.95	4.07	57.18	3.95	14.16	18.11
2012	4.07	11.40	21.93	24.37	4.92	53.51	6.25	13.78	20.03
2013	3.74	11.36	20.41	23.65	5.10	52.88	6.04	13.95	19.99
2014	3.50	11.36	20.33	23.32	5.26	52.97	4.39	14.19	18.58
2015	4.57	11.35	20.41	22.57	5.07	53.77	1.65	14.81	16.45
均值	3.40	11.32	19.37	27.16	4.21	55.94	4.29	14.94	19.23

附表5　　　　　　　　电力业行业业绩与股权结构变化　　　单位:%，亿元

年份	ROA	lnRevenue	Revenue	HHI	Nindex	State	CivilPrivate	Foreign	MixFP
2006	6.72	9.38	2.98	19.29	8.63	51.25	6.60	1.80	8.41
2007	3.81	9.44	3.20	19.93	8.94	51.08	5.57	1.78	7.35
2008	-0.60	9.45	3.43	20.12	8.56	51.10	5.27	1.74	7.01
2009	1.01	9.50	3.86	21.29	8.07	51.91	4.32	1.60	5.91
2010	2.25	9.65	4.46	21.05	8.57	51.65	5.06	1.92	6.98
2011	1.78	9.73	5.10	20.98	8.57	51.48	5.47	1.86	7.33
2012	2.19	9.74	5.03	21.28	8.57	51.87	5.45	1.87	7.31
2013	3.76	9.71	4.95	20.30	8.67	51.78	6.80	1.87	8.67
2014	3.11	9.76	4.85	20.13	8.52	51.27	7.16	1.90	9.05
2015	4.25	9.60	4.31	20.30	8.60	53.07	5.32	1.91	7.23
均值	2.83	9.60	4.22	20.47	8.56	51.64	5.70	1.82	7.53

注：附表1—附表5中营业收入均为消胀后行业内部平均化数据。

附表6　　　　　　各行业绩效与股权制衡度关系一览表

行业	年份	lnRevenue	ROA (%)	State (%)	Civil Private (%)	Civil Private/ State (%)	Foreign (%)	Foreign/ State (%)	MixFP (%)	MixFP/ State (%)
电信业	2006	14.04	8.14	73.35	1.50	2.05	14.19	19.35	15.70	21.40
	2007	13.99	11.42	72.74	1.83	2.52	14.27	19.62	16.10	22.14
	2008	14.12	10.37	72.72	1.50	2.06	14.30	19.67	15.80	21.73
	2009	14.09	7.08	72.82	0.90	1.23	14.50	19.91	15.39	21.14
	2010	14.07	6.18	72.79	1.19	1.64	14.31	19.66	15.51	21.30
	2011	14.11	5.98	72.69	1.38	1.90	14.32	19.70	15.71	21.61
	2012	14.17	5.61	73.15	0.96	1.31	14.44	19.74	15.40	21.05
	2013	14.22	5.19	73.59	0.63	0.86	14.49	19.69	15.12	20.55
	2014	14.14	4.61	73.02	0.54	0.74	14.88	20.38	15.42	21.12
	2015	14.12	4.32	73.78	1.47	1.99	14.81	20.07	16.28	22.07

行业	年份	lnRevenue	ROA (%)	State (%)	Civil Private (%)	Civil Private/ State (%)	Foreign (%)	Foreign/ State (%)	MixFP (%)	MixFP/ State (%)
石油业	2006	15.65	13.20	82.36	0.39	0.47	15.51	18.83	15.90	19.30
	2007	15.68	12.16	81.40	0.35	0.43	15.33	18.83	15.68	19.26
	2008	15.80	7.18	81.54	0.26	0.32	15.19	18.62	15.44	18.94
	2009	15.65	7.77	81.33	0.39	0.48	15.26	18.77	15.65	19.24
	2010	15.91	8.57	81.34	0.30	0.36	15.24	18.74	15.54	19.11
	2011	16.11	7.39	81.71	0.36	0.44	14.99	18.34	15.35	18.78
	2012	16.13	5.78	81.70	0.35	0.43	14.98	18.33	15.33	18.76
	2013	16.09	5.66	80.71	0.15	0.18	16.30	20.20	16.45	20.38
	2014	16.01	4.09	80.10	0.12	0.15	16.16	20.17	16.27	20.32
	2015	15.68	2.35	80.17	0.11	0.14	16.13	20.12	16.24	20.26
铁路运输业	2006	10.20	9.28	51.46	6.11	11.87	8.06	15.66	14.17	27.53
	2007	10.71	9.07	51.05	4.80	9.40	6.60	12.92	11.40	22.33
	2008	10.67	8.52	50.48	3.58	7.09	6.72	13.30	10.30	20.40
	2009	10.74	8.80	50.22	3.30	6.56	6.58	13.10	9.88	19.67
	2010	10.86	9.87	47.54	4.41	9.27	6.53	13.73	10.93	23.00
	2011	10.91	9.89	46.45	7.03	15.13	6.69	14.40	13.72	29.54
	2012	10.97	8.46	46.47	6.21	13.37	6.50	13.99	12.71	27.36
	2013	10.96	7.90	44.93	4.06	9.03	8.40	18.69	12.45	27.72
	2014	10.99	6.83	45.32	3.41	7.52	8.79	19.40	12.20	26.92
	2015	11.00	6.18	47.75	3.17	6.65	8.15	17.06	11.32	23.71
航空运输业	2006	11.46	4.28	58.73	4.38	7.46	15.97	27.19	20.35	34.65
	2007	11.21	3.70	58.03	4.53	7.80	16.23	27.97	20.76	35.77
	2008	11.20	−3.83	57.83	3.04	5.26	16.14	27.92	19.18	33.17
	2009	11.08	2.58	57.38	4.10	7.14	16.04	27.95	20.13	35.08
	2010	11.35	6.37	57.10	4.59	8.03	14.15	24.78	18.74	32.81
	2011	11.42	4.99	57.18	3.95	6.91	14.16	24.76	18.11	31.67
	2012	11.40	4.07	53.51	6.25	11.67	13.78	25.75	20.03	37.42
	2013	11.36	3.74	52.88	6.04	11.42	13.95	26.39	19.99	37.81
	2014	11.36	3.50	52.97	4.39	8.29	14.19	26.79	18.58	35.08
	2015	11.35	4.57	53.77	1.65	3.07	14.81	27.54	16.45	30.60

续表

行业	年份	lnRevenue	ROA (%)	State (%)	Civil Private (%)	Civil Private/ State (%)	Foreign (%)	Foreign/ State (%)	MixFP (%)	MixFP/ State (%)
电力业	2006	9.38	6.72	51.25	6.60	12.88	1.80	3.52	8.41	16.40
	2007	9.44	3.81	51.08	5.57	10.91	1.78	3.49	7.35	14.40
	2008	9.45	-0.60	51.10	5.27	10.32	1.74	3.40	7.01	13.71
	2009	9.50	1.01	51.91	4.32	8.31	1.60	3.08	5.91	11.39
	2010	9.65	2.25	51.65	5.06	9.79	1.92	3.72	6.98	13.51
	2011	9.73	1.78	51.48	5.47	10.63	1.86	3.62	7.33	14.24
	2012	9.74	2.19	51.87	5.45	10.51	1.87	3.60	7.31	14.10
	2013	9.71	3.76	51.78	6.80	13.13	1.87	3.61	8.67	16.74
	2014	9.76	3.11	51.27	7.16	13.96	1.90	3.70	9.05	17.66
	2015	9.60	4.25	53.07	5.32	10.03	1.91	3.60	7.23	13.62
5大行业平均	2006	12.14	8.32	63.43	3.80	6.95	11.11	16.91	14.90	23.86
	2007	12.21	8.03	62.86	3.42	6.21	10.84	16.57	14.26	22.78
	2008	12.25	4.33	62.73	2.73	5.01	10.82	16.58	13.55	21.59
	2009	12.21	5.45	62.73	2.60	4.74	10.80	16.56	13.39	21.31
	2010	12.37	6.65	62.08	3.11	5.82	10.43	16.13	13.54	21.95
	2011	12.46	6.01	61.90	3.64	7.00	10.40	16.16	14.04	23.17
	2012	12.48	5.22	61.34	3.84	7.46	10.31	16.28	14.16	23.74
	2013	12.47	5.25	60.78	3.53	6.92	11.00	17.71	14.54	24.64
	2014	12.45	4.43	60.53	3.12	6.13	11.18	18.09	14.31	24.22
	2015	12.35	4.33	61.71	2.34	4.37	11.16	17.68	13.50	22.05
均值		12.34	5.80	62.01	3.21	6.06	10.81	16.87	14.02	22.93

附表 7　　电信业 2006—2015 年研发投入与股权结构变化一览表

年份	lnR&D	R&D（万元）	SR&D（%）	HHI（%）	Nindex	State（%）	CivilPrivate（%）	Foreign（%）	MixFP（%）
2006	3.83	1066.08	0.08	54.87	2.01	72.74	2.26	8.58	10.83
2007	9.07	12835.45	1.88	54.26	2.05	71.95	2.75	8.58	11.32
2008	8.87	10207.33	1.05	54.44	2.04	71.95	2.25	8.58	10.83
2009	8.19	3695.68	0.40	54.43	2.04	72.12	1.35	8.86	10.20
2010	8.12	3464.32	0.38	54.44	2.04	72.08	1.79	8.58	10.37
2011	7.62	2083.08	0.20	54.44	2.04	71.95	2.08	8.58	10.65
2012	7.39	1766.19	0.16	55.13	1.99	72.69	1.44	8.71	10.14
2013	7.70	2217.52	0.19	55.70	1.95	73.35	0.95	8.77	9.72
2014	7.18	1475.84	0.13	55.70	1.95	73.11	0.82	8.75	9.56
2015	7.45	1911.15	0.18	55.39	1.97	74.31	2.21	8.58	10.78
均值	7.54	4072.27	0.46	54.88	2.01	72.62	1.79	8.65	10.44

附表 8   石油开采业 2006—2015 年研发投入与股权结构变化一览表

年份	lnR&D	R&D（万元）	SR&D（%）	HHI（%）	Nindex	State（%）	CivilPrivate（%）	Foreign（%）	MixFP（%）
2006	10.15	26148.25	0.41	70.22	1.4479	82.36	0.39	15.51	15.90
2007	10.21	27923.80	0.42	68.50	1.4766	81.40	0.35	15.33	15.68
2008	10.31	32626.60	0.44	68.82	1.4709	81.54	0.26	15.19	15.44
2009	10.40	36586.24	0.58	68.47	1.4770	81.33	0.39	15.26	15.65
2010	10.51	40242.81	0.49	68.47	1.4771	81.34	0.30	15.24	15.54
2011	10.47	39866.89	0.40	68.94	1.4664	81.71	0.36	14.99	15.35
2012	10.53	41514.29	0.41	68.90	1.4675	81.70	0.35	14.98	15.33
2013	10.49	38952.87	0.40	67.67	1.5011	80.71	0.15	16.30	16.45
2014	10.32	33137.95	0.37	66.86	1.5248	80.10	0.12	16.16	16.27
2015	10.25	30182.78	0.47	65.69	1.5615	80.17	0.11	16.13	16.24
均值	10.37	34718.25	0.44	68.25	1.4871	81.24	0.28	15.51	15.78

附表 9　铁路运输业（3 家）2006—2015 年研发投入与股权结构变化一览表

年份	lnR&D	R&D（万元）	SR&D（%）	HHI（%）	Nindex	State（%）	CivilPrivate（%）	Foreign（%）	MixFP（%）
2006	0.00	0.00	0.00	26.53	8.28	51.46	6.11	8.06	14.17
2007	0.00	0.00	0.00	26.23	9.44	51.05	4.80	6.60	11.40
2008	0.00	0.00	0.00	26.20	9.50	50.48	3.58	6.72	10.30
2009	0.00	0.00	0.00	24.17	9.76	50.22	3.30	6.58	9.88
2010	1.80	6.05	0.06	19.98	9.78	47.54	4.41	6.53	10.93
2011	2.87	17.61	0.14	20.25	9.66	46.45	7.03	6.69	13.72
2012	2.84	17.15	0.10	20.24	9.62	46.47	6.21	6.50	12.71
2013	2.73	15.28	0.09	20.24	9.86	44.93	4.06	8.40	12.45
2014	0.14	1.15	0.01	20.22	9.90	45.32	3.41	8.79	12.20
2015	-0.01	0.99	0.00	20.28	9.79	47.75	3.17	8.15	11.32
均值	1.04	5.82	0.04	22.43	9.56	48.17	4.61	7.30	11.91

附表 10

航空运输业 2006—2015 年研发投入与股权结构变化一览表

年份	lnR&D	R&D（万元）	SR&D（%）	HHI（%）	Nindex	State（%）	CivilPrivate（%）	Foreign（%）	MixFP（%）
2006	0.00	0.00	0.00	32.03	3.37	58.73	4.38	15.97	20.35
2007	0.00	0.00	0.00	31.82	3.37	58.03	4.53	16.23	20.76
2008	0.00	0.00	0.00	31.72	3.39	57.83	3.04	16.14	19.18
2009	0.00	0.00	0.00	30.26	3.49	57.38	4.10	16.04	20.13
2010	0.00	0.00	0.01	25.88	4.09	57.10	4.59	14.15	18.74
2011	84.00	25.75	0.01	25.95	4.07	57.18	3.95	14.16	18.11
2012	73.56	13.76	0.01	24.37	4.92	53.51	6.25	13.78	20.03
2013	70.59	11.51	0.01	23.65	5.10	52.88	6.04	13.95	19.99
2014	76.70	16.62	0.01	23.32	5.26	52.97	4.39	14.19	18.58
2015	73.30	13.55	0.01	22.57	5.07	53.77	1.65	14.81	16.45
均值	37.82	8.12	0.00	27.16	4.21	55.94	4.29	14.94	19.23

附表 11　　电力业 2006—2015 年研发投入与股权结构变化一览表

年份	lnR&D	R&D（万元）	SR&D（%）	HHI（%）	Nindex	State（%）	CivilPrivate（%）	Foreign（%）	MixFP（%）
2006	0.19	1.21	0.00	19.29	8.63	51.25	6.60	1.80	8.41
2007	0.20	1.22	0.00	19.93	8.94	51.08	5.57	1.78	7.35
2008	0.26	1.30	0.00	20.12	8.56	51.10	5.27	1.74	7.01
2009	0.47	1.61	0.00	21.29	8.07	51.91	4.32	1.60	5.91
2010	0.42	1.52	0.00	21.05	8.43	51.65	5.06	1.92	6.98
2011	0.73	2.07	0.00	20.98	8.57	51.48	5.47	1.86	7.33
2012	1.19	3.29	0.01	21.28	8.57	51.87	5.45	1.87	7.31
2013	1.32	3.76	0.01	20.30	8.67	51.78	6.80	1.87	8.67
2014	1.35	3.88	0.01	20.13	8.52	51.27	7.16	1.90	9.05
2015	1.17	3.22	0.01	20.30	8.60	53.07	5.32	1.91	7.23
均值	0.73	2.31	0.01	20.47	8.56	51.64	5.70	1.82	7.53

附表 12　　　　　　　　　2006—2015 年各企业年均 Malmquist Index 概况

年份	综合效率变化 (EC)	技术变化 (TC)	纯技术效率变化 (PC)	规模效率变化 (SC)	全要素生产效率变化 (TFP)
2006	0.910	1.097	0.929	0.979	0.997
2007	1.048	0.912	1.031	1.017	0.956
2008	0.994	1.002	0.997	0.997	0.997
2009	1.015	0.985	1.012	1.003	1.000
2010	1.015	0.994	1.022	0.993	1.010
2011	1.009	0.989	1.008	1.000	0.998
2012	1.003	0.998	0.999	1.005	1.001
2013	0.998	0.997	0.994	1.004	0.995
2014	1.005	0.995	1.004	1.002	1.001
2015	0.998	0.981	0.997	1.001	0.979
均值	0.999	0.994	0.999	1.000	0.993

附表 13

电信业混合所有制股权结构与内部收入差距对比

年份	2006	2007	2008	2009	2010	2011	2012	2013	2014	2015	平均	标准差
高管最高收入均值（万元）	515.87	391.70	303.33	199.67	280.47	179.97	135.97	167.70	138.77	65.10	237.85	136.15
高管收入均值（万元）	374.76	280.30	216.90	170.34	212.04	148.94	109.23	126.23	106.38	52.01	179.71	94.95
员工收入均值（万元）	13.12	12.73	11.41	12.14	12.48	13.84	14.73	15.49	20.09	16.95	14.30	2.64
高管最高收入均值高出员工收入均值的倍数（倍）	38.31	29.77	25.58	15.44	21.48	12.01	8.23	9.83	5.91	2.84	15.64	11.50
高管收入均值高出员工收入均值的倍数（倍）	27.56	21.02	18.01	13.03	15.99	9.76	6.42	7.15	4.30	2.07	11.57	8.11
HHI（%）	54.87	54.26	54.44	54.43	54.44	54.44	55.13	55.70	55.70	55.39	54.88	0.01
Nindex	2.01	2.05	2.04	2.04	2.04	2.04	1.99	1.95	1.95	1.97	2.01	0.04
State（%）	72.74	71.95	71.95	72.12	72.08	71.95	72.69	73.35	73.11	74.31	72.62	0.01
CivilPrivate（%）	2.26	2.75	2.25	1.35	1.79	2.08	1.44	0.95	0.82	2.21	1.79	0.01
Foreign（%）	8.58	8.58	8.58	8.86	8.58	8.58	8.71	8.77	8.75	8.58	8.65	0.00
MixFP（%）	10.83	11.32	10.83	10.20	10.37	10.65	10.14	9.72	9.56	10.78	10.44	0.01

附表 14

铁路运输业混合所有制股权结构与内部收入差距对比

年份	2006	2007	2008	2009	2010	2011	2012	2013	2014	2015	平均	标准差
高管最高收入均值（万元）	27.89	44.90	46.33	49.97	61.00	67.22	63.35	55.46	55.10	55.03	52.62	11.24
高管收入均值（万元）	21.54	27.02	29.49	32.48	41.74	48.31	47.67	41.21	41.10	41.35	37.19	9.02
员工收入均值（万元）	4.59	5.99	6.76	7.49	8.46	9.83	10.95	11.87	13.04	13.37	9.23	3.05
高管最高收入均值高出员工收入均值的倍数（倍）	5.07	6.50	5.85	5.67	6.21	5.84	4.79	3.67	3.22	3.12	4.70	1.25
高管收入均值高出员工收入均值的倍数（倍）	3.69	3.51	3.36	3.34	3.93	3.92	3.35	2.47	2.15	2.09	3.03	0.69
HHI（%）	26.53	26.23	26.20	24.17	19.98	20.25	20.24	20.24	20.22	20.28	22.43	0.03
Nindex	8.28	9.44	9.50	9.76	9.78	9.66	9.62	9.86	9.90	9.79	9.56	0.47
State（%）	51.46	51.05	50.48	50.22	47.54	46.45	46.47	44.93	45.32	47.75	48.17	0.02
CivilPrivate（%）	6.11	4.80	3.58	3.30	4.41	7.03	6.21	4.06	3.41	3.17	4.61	0.01
Foreign（%）	8.06	6.60	6.72	6.58	6.53	6.69	6.50	8.40	8.79	8.15	7.30	0.01
MixFP（%）	14.17	11.40	10.30	9.88	10.93	13.72	12.71	12.45	12.20	11.32	11.91	0.01

附表 15　航空运输业混合所有制股权结构与内部收入差距对比

年份	2006	2007	2008	2009	2010	2011	2012	2013	2014	2015	平均	标准差
高管最高收入均值（万元）	52.11	61.06	71.38	83.71	101.93	103.10	111.26	112.65	118.62	127.79	94.36	25.81
高管收入均值（万元）	34.43	40.52	44.90	48.81	67.54	72.84	70.97	77.37	82.99	82.59	62.30	18.31
员工收入均值（万元）	11.40	12.26	14.55	12.49	14.51	17.75	20.04	20.07	21.44	22.52	16.70	4.15
高管最高收入均值高出员工收入均值的倍数（倍）	3.57	3.98	3.90	5.70	6.03	4.81	4.55	4.61	4.53	4.67	4.65	0.76
高管收入均值高出员工收入均值的倍数（倍）	2.02	2.30	2.09	2.91	3.66	3.10	2.54	2.85	2.87	2.67	2.73	0.49
HHI（%）	32.03	31.82	31.72	30.26	25.88	25.95	24.37	23.65	23.32	22.57	27.16	0.04
Nindex	3.37	3.37	3.39	3.49	4.09	4.07	4.92	5.10	5.26	5.07	4.21	0.80
State（%）	58.73	58.03	57.83	57.38	57.10	57.18	53.51	52.88	52.97	53.77	55.94	0.02
CivilPrivate（%）	4.38	4.53	3.04	4.10	4.59	3.95	6.25	6.04	4.39	1.65	4.29	0.01
Foreign（%）	15.97	16.23	16.14	16.04	14.15	14.16	13.78	13.95	14.19	14.81	14.94	0.01
MixFP（%）	20.35	20.76	19.18	20.13	18.74	18.11	20.03	19.99	18.58	16.45	19.23	0.01

附表16　石油和天然气开采业（仅中石油和中石化）混合所有制股权结构与内部收入差距对比

年份	2006	2007	2008	2009	2010	2011	2012	2013	2014	2015	平均	标准差
高管最高收入均值（万元）	73.15	91.65	90.29	79.63	97.42	99.76	108.12	110.26	105.60	77.86	93.37	13.17
高管收入均值（万元）	61.46	64.78	70.78	66.65	73.43	74.93	77.20	79.31	80.19	67.40	71.61	6.42
员工收入均值（万元）	7.28	8.76	10.94	10.10	11.60	14.29	16.72	18.19	19.06	19.18	13.61	4.46
高管最高收入均值高出员工收入均值的倍数（倍）	9.05	9.46	7.25	6.88	7.40	5.98	5.46	5.06	4.54	3.06	5.86	1.99
高管收入均值高出员工收入均值的倍数（倍）	7.44	6.40	5.47	5.60	5.33	4.24	3.62	3.36	3.21	2.51	4.26	1.58
HHI（%）	70.22	68.50	68.82	68.47	68.47	68.94	68.90	67.67	66.86	65.69	68.25	0.01
Nindex	1.45	1.48	1.47	1.48	1.48	1.47	1.47	1.50	1.52	1.56	1.49	0.03
State（%）	82.36	81.40	81.54	81.33	81.34	81.71	81.70	80.71	80.10	80.17	81.24	0.01
CivilPrivate（%）	0.39	0.35	0.26	0.39	0.30	0.36	0.35	0.15	0.12	0.11	0.28	0.00
Foreign（%）	15.51	15.33	15.19	15.26	15.24	14.99	14.98	16.30	16.16	16.13	15.51	0.01
MixFP（%）	15.90	15.68	15.44	15.65	15.54	15.35	15.33	16.45	16.27	16.24	15.78	0.00

附表 17

电力业混合所有制股权结构与内部收入差距对比

年份	2006	2007	2008	2009	2010	2011	2012	2013	2014	2015	平均	标准差
高管最高收入均值（万元）	60.68	80.13	70.79	72.02	76.35	79.02	86.72	89.68	86.78	90.46	79.26	9.57
高管收入均值（万元）	53.68	67.82	61.77	62.31	64.00	68.85	70.48	76.05	69.92	70.78	66.57	6.28
员工收入均值（万元）	10.16	11.85	11.16	11.54	12.51	13.50	12.61	14.88	15.80	16.93	13.09	2.17
高管最高收入均值高出员工收入均值的倍数（倍）	4.97	5.76	5.35	5.24	5.11	4.85	5.87	5.03	4.49	4.34	5.05	0.49
高管收入均值高出员工收入均值的倍数（倍）	4.28	4.72	4.54	4.40	4.12	4.10	4.59	4.11	3.43	3.18	4.08	0.50
HHI（%）	22.48	23.80	25.86	24.68	23.43	22.93	22.33	22.50	22.65	21.31	23.20	0.01
Nindex	4.71	4.35	4.04	4.17	4.41	4.54	4.61	4.57	4.57	4.77	4.47	0.23
State（%）	66.43	62.89	63.38	62.38	62.24	61.56	61.95	62.11	60.53	59.43	62.29	0.02
CivilPrivate（%）	1.69	1.99	2.07	3.51	2.50	2.47	2.82	2.28	1.61	2.07	2.30	0.01
Foreign（%）	12.66	13.71	13.53	12.46	17.20	16.64	16.36	16.43	17.13	17.46	15.36	0.02
MixFP（%）	14.35	15.70	15.59	15.97	19.70	19.11	19.18	18.71	18.74	19.53	17.66	0.02

附表 18　银行业（14 家代表）混合所有制股权结构与内部收入差距对比

年份	2006	2007	2008	2009	2010	2011	2012	2013	2014	2015	平均	标准差
高管最高收入均值（万元）	256.35	371.18	426.53	403.38	345.19	308.60	322.37	306.18	314.26	228.04	328.21	61.24
高管收入均值（万元）	141.89	214.90	213.58	202.98	205.27	207.15	219.48	208.30	208.48	130.96	195.30	31.51
员工收入均值（万元）	15.49	20.55	23.27	22.58	25.41	28.12	29.40	30.88	33.24	31.86	26.08	5.64
高管最高收入均值高出员工收入均值的倍数（倍）	15.55	18.52	17.33	16.86	12.59	9.97	9.96	8.92	8.45	6.16	11.58	4.35
高管收入均值高出员工收入均值的倍数（倍）	8.16	9.45	8.18	7.99	7.08	6.37	6.47	5.75	5.27	3.11	6.49	1.82
HHI（%）	18.52	18.22	16.72	17.60	19.77	20.22	20.21	20.27	20.38	19.81	19.17	0.01
Nindex（%）	11.10	11.85	12.47	10.79	10.77	10.29	10.84	10.90	10.57	10.91	11.05	0.64
State（%）	47.73	44.62	39.46	43.19	44.64	45.58	45.22	44.60	44.49	47.09	44.66	0.02
CivilPrivate（%）	9.50	6.60	8.58	5.18	7.98	8.60	7.12	8.29	7.84	8.23	7.79	0.01
Foreign（%）	15.61	19.49	19.32	20.58	18.06	18.75	19.08	20.94	19.76	19.05	19.06	0.01
MixFP（%）	25.11	26.08	27.90	25.75	26.03	27.36	26.21	29.23	27.59	27.28	26.85	0.01

附 录 2

国务院关于国有企业发展混合所有制经济的意见①

国发〔2015〕54 号

省、自治区、直辖市人民政府，国务院各部委、各直属机构：

发展混合所有制经济，是深化国有企业改革的重要举措。为贯彻党的十八大和十八届三中、四中全会精神，按照"四个全面"战略布局要求，落实党中央、国务院决策部署，推进国有企业混合所有制改革，促进各种所有制经济共同发展，现提出以下意见。

一　总体要求

（一）改革出发点和落脚点。国有资本、集体资本、非公有资本等交叉持股、相互融合的混合所有制经济，是基本经济制度的重要实现形式。多年来，一批国有企业通过改制发展成为混合所有制企业，但治理机制和监管体制还需要进一步完善；还有许多国有企业为转换经营机制、提高运行效率，正在积极探索混合所有制改革。当前，应对日益激烈的国际竞争和挑战，推动我国经济保持中高速增长、迈向中高端水平，需要通过深化国有企业混合所有制改革，推动完善现代企业制度，健全企业法人治理结构；提高国有资本配置和运行效率，优化国有经济布局，增强国有经济活力、控制力、影响力和抗风险能力，主动适应和引领经济发展新常态；促进国有企业转换经营机制，

①　http://www.gov.cn/zhengce/content/2015-09-24/content_10177.htm.

放大国有资本功能，实现国有资产保值增值，实现各种所有制资本取长补短、相互促进、共同发展，夯实社会主义基本经济制度的微观基础。在国有企业混合所有制改革中，要坚决防止因监管不到位、改革不彻底导致国有资产流失。

（二）基本原则。

——政府引导，市场运作。尊重市场经济规律和企业发展规律，以企业为主体，充分发挥市场机制作用，把引资本与转机制结合起来，把产权多元化与完善企业法人治理结构结合起来，探索国有企业混合所有制改革的有效途径。

——完善制度，保护产权。以保护产权、维护契约、统一市场、平等交换、公平竞争、有效监管为基本导向，切实保护混合所有制企业各类出资人的产权权益，调动各类资本参与发展混合所有制经济的积极性。

——严格程序，规范操作。坚持依法依规，进一步健全国有资产交易规则，科学评估国有资产价值，完善市场定价机制，切实做到规则公开、过程公开、结果公开。强化交易主体和交易过程监管，防止暗箱操作、低价贱卖、利益输送、化公为私、逃废债务，杜绝国有资产流失。

——宜改则改，稳妥推进。对通过实行股份制、上市等途径已经实行混合所有制的国有企业，要着力在完善现代企业制度、提高资本运行效率上下功夫；对适宜继续推进混合所有制改革的国有企业，要充分发挥市场机制作用，坚持因地施策、因业施策、因企施策，宜独则独、宜控则控、宜参则参，不搞拉郎配，不搞全覆盖，不设时间表，一企一策，成熟一个推进一个，确保改革规范有序进行。尊重基层创新实践，形成一批可复制、可推广的成功做法。

二　分类推进国有企业混合所有制改革

（三）稳妥推进主业处于充分竞争行业和领域的商业类国有企业

混合所有制改革。按照市场化、国际化要求，以增强国有经济活力、放大国有资本功能、实现国有资产保值增值为主要目标，以提高经济效益和创新商业模式为导向，充分运用整体上市等方式，积极引入其他国有资本或各类非国有资本实现股权多元化。坚持以资本为纽带完善混合所有制企业治理结构和管理方式，国有资本出资人和各类非国有资本出资人以股东身份履行权利和职责，使混合所有制企业成为真正的市场主体。

（四）有效探索主业处于重要行业和关键领域的商业类国有企业混合所有制改革。对主业处于关系国家安全、国民经济命脉的重要行业和关键领域，主要承担重大专项任务的商业类国有企业，要保持国有资本控股地位，支持非国有资本参股。对自然垄断行业，实行以政企分开、政资分开、特许经营、政府监管为主要内容的改革，根据不同行业特点实行网运分开、放开竞争性业务，促进公共资源配置市场化，同时加强分类依法监管，规范盈利模式。

——重要通信基础设施、枢纽型交通基础设施、重要江河流域控制性水利水电航电枢纽、跨流域调水工程等领域，实行国有独资或控股，允许符合条件的非国有企业依法通过特许经营、政府购买服务等方式参与建设和运营。

——重要水资源、森林资源、战略性矿产资源等开发利用，实行国有独资或绝对控股，在强化环境、质量、安全监管的基础上，允许非国有资本进入，依法依规有序参与开发经营。

——江河主干渠道、石油天然气主干管网、电网等，根据不同行业领域特点实行网运分开、主辅分离，除对自然垄断环节的管网实行国有独资或绝对控股外，放开竞争性业务，允许非国有资本平等进入。

——核电、重要公共技术平台、气象测绘水文等基础数据采集利用等领域，实行国有独资或绝对控股，支持非国有企业投资参股以及参与特许经营和政府采购。粮食、石油、天然气等战略物资国家储备领域保持国有独资或控股。

——国防军工等特殊产业，从事战略武器装备科研生产、关系国家战略安全和涉及国家核心机密的核心军工能力领域，实行国有独资或绝对控股。其他军工领域，分类逐步放宽市场准入，建立竞争性采购体制机制，支持非国有企业参与武器装备科研生产、维修服务和竞争性采购。

——对其他服务国家战略目标、重要前瞻性战略性产业、生态环境保护、共用技术平台等重要行业和关键领域，加大国有资本投资力度，发挥国有资本引导和带动作用。

（五）引导公益类国有企业规范开展混合所有制改革。在水电气热、公共交通、公共设施等提供公共产品和服务的行业和领域，根据不同业务特点，加强分类指导，推进具备条件的企业实现投资主体多元化。通过购买服务、特许经营、委托代理等方式，鼓励非国有企业参与经营。政府要加强对价格水平、成本控制、服务质量、安全标准、信息披露、营运效率、保障能力等方面的监管，根据企业不同特点有区别地考核其经营业绩指标和国有资产保值增值情况，考核中要引入社会评价。

三　分层推进国有企业混合所有制改革

（六）引导在子公司层面有序推进混合所有制改革。对国有企业集团公司二级及以下企业，以研发创新、生产服务等实体企业为重点，引入非国有资本，加快技术创新、管理创新、商业模式创新，合理限定法人层级，有效压缩管理层级。明确股东的法律地位和股东在资本收益、企业重大决策、选择管理者等方面的权利，股东依法按出资比例和公司章程规定行权履职。

（七）探索在集团公司层面推进混合所有制改革。在国家有明确规定的特定领域，坚持国有资本控股，形成合理的治理结构和市场化经营机制；在其他领域，鼓励通过整体上市、并购重组、发行可转债等方式，逐步调整国有股权比例，积极引入各类投资者，形成股权结构多元、股东行为规范、内部约束有效、运行高效灵活的经营机制。

（八）鼓励地方从实际出发推进混合所有制改革。各地区要认真贯彻落实中央要求，区分不同情况，制定完善改革方案和相关配套措施，指导国有企业稳妥开展混合所有制改革，确保改革依法合规、有序推进。

四　鼓励各类资本参与国有企业混合所有制改革

（九）鼓励非公有资本参与国有企业混合所有制改革。非公有资本投资主体可通过出资入股、收购股权、认购可转债、股权置换等多种方式，参与国有企业改制重组或国有控股上市公司增资扩股以及企业经营管理。非公有资本投资主体可以货币出资，或以实物、股权、土地使用权等法律法规允许的方式出资。企业国有产权或国有股权转让时，除国家另有规定外，一般不在意向受让人资质条件中对民间投资主体单独设置附加条件。

（十）支持集体资本参与国有企业混合所有制改革。明晰集体资产产权，发展股权多元化、经营产业化、管理规范化的经济实体。允许经确权认定的集体资本、资产和其他生产要素作价入股，参与国有企业混合所有制改革。研究制定股份合作经济（企业）管理办法。

（十一）有序吸收外资参与国有企业混合所有制改革。引入外资参与国有企业改制重组、合资合作，鼓励通过海外并购、投融资合作、离岸金融等方式，充分利用国际市场、技术、人才等资源和要素，发展混合所有制经济，深度参与国际竞争和全球产业分工，提高资源全球化配置能力。按照扩大开放与加强监管同步的要求，依照外商投资产业指导目录和相关安全审查规定，完善外资安全审查工作机制，切实加强风险防范。

（十二）推广政府和社会资本合作（PPP）模式。优化政府投资方式，通过投资补助、基金注资、担保补贴、贷款贴息等，优先支持引入社会资本的项目。以项目运营绩效评价结果为依据，适时对价格和补贴进行调整。组合引入保险资金、社保基金等长期投资者参与国家重点工程投资。鼓励社会资本投资或参股基础设施、公用事业、公共服务等领域项目，使投资者在平等竞争中获取合理收益。加强信息公开和项目储备，建立综合信息服务平台。

（十三）鼓励国有资本以多种方式入股非国有企业。在公共服务、高新技术、生态环境保护和战略性产业等重点领域，以市场选择为前提，以资本为纽带，充分发挥国有资本投资、运营公司的资本运作平台作用，对发展潜力大、成长性强的非国有企业进行股权投资。鼓励国有企业通过投资入股、联合投资、并购重组等多种方式，与非国有企业进行股权融合、战略合作、资源整合，发展混合所有制经济。支持国有资本与非国有资本共同设立股权投资基金，参与企业改制重组。

（十四）探索完善优先股和国家特殊管理股方式。国有资本参股非国有企业或国有企业引入非国有资本时，允许将部分国有资本转化为优先股。在少数特定领域探索建立国家特殊管理股制度，依照相关法律法规和公司章程规定，行使特定事项否决权，保证国有资本在特定领域的控制力。

（十五）探索实行混合所有制企业员工持股。坚持激励和约束相结合的原则，通过试点稳妥推进员工持股。员工持股主要采取增资扩股、出资新设等方式，优先支持人才资本和技术要素贡献占比较高的转制科研院所、高新技术企业和科技服务型企业开展试点，支持对企业经营业绩和持续发展有直接或较大影响的科研人员、经营管理人员和业务骨干等持股。完善相关政策，健全审核程序，规范操作流程，严格资产评估，建立健全股权流转和退出机制，确保员工持股公开透明，严禁暗箱操作，防止利益输送。混合所有制企业实行员工持股，要按照混合所有制企业实行员工持股试点的有关工作要求组织实施。

五　建立健全混合所有制企业治理机制

（十六）进一步确立和落实企业市场主体地位。政府不得干预企业自主经营，股东不得干预企业日常运营，确保企业治理规范、激励约束机制到位。落实董事会对经理层成员等高级经营管理人员选聘、业绩考核和薪酬管理等职权，维护企业真正的市场主体地位。

（十七）健全混合所有制企业法人治理结构。混合所有制企业要建立健全现代企业制度，明晰产权，同股同权，依法保护各类股东权益。规范企业股东（大）会、董事会、经理层、监事会和党组织的权责关系，按章程行权，对资本监管，靠市场选人，依规则运行，形成定位清晰、权责对等、运转协调、制衡有效的法人治理结构。

（十八）推行混合所有制企业职业经理人制度。按照现代企业制度要求，建立市场导向的选人用人和激励约束机制，通过市场化方式选聘职业经理人依法负责企业经营管理，畅通现有经营管理者与职业经理人的身份转换通道。职业经理人实行任期制和契约化管理，按照市场化原则决定薪酬，可以采取多种方式探索中长期激励机制。严格职业经理人任期管理和绩效考核，加快建立退出机制。

六　建立依法合规的操作规则

（十九）严格规范操作流程和审批程序。在组建和注册混合所有制企业时，要依据相关法律法规，规范国有资产授权经营和产权交易等行为，健全清产核资、评估定价、转让交易、登记确权等国有产权流转程序。国有企业产权和股权转让、增资扩股、上市公司增发等，应在产权、股权、证券市场公开披露信息，公开择优确定投资人，达成交易意向后应及时公示交易对象、交易价格、关联交易等信息，防止利益输送。国有企业实施混合所有制改革前，应依据本意见制定方案，报同级国有资产监管机构批准；重要国有企业改制后国有资本不再控股的，报同级人民政府批准。国有资产监管机构要按照本意见要求，明确国有企业混合所有制改革的操作流程。方案审批时，应加强对社会资本质量、合作方诚信与操守、债权债务关系等内容的审核。要充分保障企业职工对国有企业混合所有制改革的知情权和参与权，涉及职工切身利益的要做好评估工作，职工安置方案要经过职工代表大会或者职工大会审议通过。

（二十）健全国有资产定价机制。按照公开公平公正原则，完善国有资产交易方式，严格规范国有资产登记、转让、清算、退出等程序和交易行为。通过产权、股权、证券市场发现和合理确定资产价格，发挥专业化中介机构作用，借助多种市场化定价手段，完善资产定价机制，实施信息公开，加强社会监督，防止出现内部人控制、利益输送造成国有资产流失。

（二十一）切实加强监管。政府有关部门要加强对国有企业混合所有制改革的监管，完善国有产权交易规则和监管制度。国有资产监管机构对改革中出现的违法转让和侵吞国有资产、化公为私、利益输送、暗箱操作、逃废债务等行为，要依法严肃处理。审计部门要依法履行审计监督职能，加强对改制企业原国有企业法定代表人的离任审计。充分发挥第三方机构在清产核资、财务审计、资产定价、股权托管等方面的作用。加强企业职工内部监督。进一步做好信息公开，自觉接受社会监督。

七 营造国有企业混合所有制改革的良好环境

（二十二）加强产权保护。健全严格的产权占有、使用、收益、处分等完整保护制度，依法保护混合所有制企业各类出资人的产权和知识产权权益。在立法、司法和行政执法过程中，坚持对各种所有制经济产权和合法利益给予同等法律保护。

（二十三）健全多层次资本市场。加快建立规则统一、交易规范的场外市场，促进非上市股份公司股权交易，完善股权、债权、物权、知识产权及信托、融资租赁、产业投资基金等产品交易机制。建立规范的区域性股权市场，为企业提供融资服务，促进资产证券化和资本流动，健全股权登记、托管、做市商等第三方服务体系。以具备条件的区域性股权、产权市场为载体，探索建立统一结算制度，完善股权公开转让和报价机制。制定场外市场交易规则和规范监管制度，明确监管主体，实行属地化、专业化监管。

（二十四）完善支持国有企业混合所有制改革的政策。进一步简政放权，最大限度取消涉及企业依法自主经营的行政许可审批事项。凡是市场主体基于自愿的投资经营和民事行为，只要不属于法律法规禁止进入的领域，且不危害国家安全、社会公共利益和第三方合法权益，不得限制进入。完善工商登记、财税管理、土地管理、金融服务等政策。依法妥善解决混合所有制改革涉及的国有企业职工劳动关系调整、社会保险关系接续等问题，确保企业职工队伍稳定。加快剥离国有企业办社会职能，妥善解决历史遗留问题。完善统计制度，加强监测分析。

（二十五）加快建立健全法律法规制度。健全混合所有制经济相关法律法规和规章，加大法律法规立、改、废、释工作力度，确保改革于法有据。根据改革需要抓紧对《合同法》《物权法》《公司法》《企业国有资产法》《企业破产法》中有关法律制度进行研究，依照法定程序及时提请修改。推动加快制定有关产权保护、市场准入和退出、交易规则、公平竞争等方面的法律法规。

八　组织实施

（二十六）建立工作协调机制。国有企业混合所有制改革涉及面广、政策性强、社会关注度高。各地区、各有关部门和单位要高度重视，精心组织，严守规范，明确责任。各级政府及相关职能部门要加强对国有企业混合所有制改革的组织领导，做好把关定向、配套落实、审核批准、纠偏提醒等工作。各级国有资产监管机构要及时跟踪改革进展，加强改革协调，评估改革成效，推广改革经验，重大问题及时向同级人民政府报告。各级工商联要充分发挥广泛联系非公有制企业的组织优势，参与做好沟通政企、凝聚共识、决策咨询、政策评估、典型宣传等方面工作。

（二十七）加强混合所有制企业党建工作。坚持党的建设与企业改革同步谋划、同步开展，根据企业组织形式变化，同步设置或调整党的组织，理顺党组织隶属关系，同步选配好党组织负责人，健全党的工作机构，配强党务工作者队伍，保障党组织工作经费，有效开展党的工作，发挥好党组织政治核心作用和党员先锋模范作用。

（二十八）开展不同领域混合所有制改革试点示范。结合电力、石油、天然气、铁路、民航、电信、军工等领域改革，开展放开竞争性业务、推进混合所有制改革试点示范。在基础设施和公共服务领域选择有代表性的政府投融资项目，开展多种形式的政府和社会资本合作试点，加快形成可复制、可推广的模式和经验。

（二十九）营造良好的舆论氛围。以坚持"两个毫不动摇"（毫不动摇巩固和发展公有制经济，毫不动摇鼓励、支持、引导非公有制经济发展）为导向，加强国有企业混合所有制改革舆论宣传，做好政策解读，阐释目标方向和重要意义，宣传成功经验，正确引导舆论，回应社会关切，使广大人民群众了解和支持改革。

各级政府要加强对国有企业混合所有制改革的领导，根据本意见，结合实际推动改革。

金融、文化等国有企业的改革，中央另有规定的依其规定执行。

国务院

2015 年 9 月 23 日

参考文献

张红军:《中国上市公司股权结构与公司绩效的理论及实证分析》,《经济科学》2000 年第 4 期。

刘芍佳、孙霈、刘乃全:《终极产权论、股权结构及公司绩效》,《经济研究》2003 年第 4 期。

曹廷求、杨秀丽、孙宇光:《股权结构与公司绩效:度量方法和内生性》,《经济研究》2007 年第 10 期。

田利辉:《国有股权对上市公司绩效影响的 U 型曲线和政府股东两手论》,《经济研究》2005 年第 10 期。

刘星、刘伟:《监督,抑或共谋?——我国上市公司股权结构与公司价值的关系研究》,《会计研究》2007 年第 6 期。

安烨、钟廷勇、朱欣悦:《制造业上市公司股权特征对公司绩效影响实证研究》,《财经问题研究》2011 年第 11 期。

马连福、王丽丽、张琦:《混合所有制的优序选择:市场的逻辑》,《中国工业经济》2015 年第 7 期。

刘媛媛、黄卓、谢德逊、何小锋:《中国上市公司股权结构与公司绩效实证研究》,《经济与管理研究》2011 年第 2 期。

赵世勇、陈其广:《产权改革模式与企业技术效率——基于中国制造业改制企业数据的实证研究》,《经济研究》2007 年第 11 期。

汤谷良、戴璐:《国有上市公司部分民营化的经济后果——基于“武昌鱼”的案例分析》,《会计研究》2006 年第 9 期。

程恩富、董宇坤:《大力发展公有资本为主体的混合所有制经济》,《政治经济学评论》2015 年第 1 期。

欧瑞秋、李捷瑜、李广众、李杰:《部分民营化与国有企业定位》,

《世界经济》2014 年第 5 期。

孙永祥、黄祖辉:《上市公司的股权结构与绩效》,《经济研究》1999
    年第 12 期。

李永兵、袁博、骆品亮:《混合所有制、业务创新与绩效表现——基
    于我国上市银行的实证研究》,《上海经济研究》2015 年第
    10 期。

刘小玄、李利英:《企业产权变革的效率分析》,《中国社会科学》
    2005 年第 2 期。

孙菊生、李小俊:《上市公司股权结构与经营绩效关系的实证分析》,
    《当代财经》2006 年第 1 期。

张亚连、李来儿、程柯力:《股权结构对公司业绩的影响研究——基
    于我国 20 家上市公司的经验证据》,《经济问题》2014 年第
    8 期。

陈小悦、徐晓东:《股权结构、企业绩效与投资者利益保护》,《经济
    研究》2001 年第 11 期。

吴淑琨:《股权结构与公司绩效的 U 型关系研究——1997—2000 年上
    市公司的实证研究》,《中国工业经济》2002 年第 1 期。

刘小玄、李寿喜:《转轨过程中混合股权公司的相对效率——中国电
    子电器制造业 2000—2004 经验数据分析》,《世界经济文汇》
    2007 年第 2 期。

田昆儒、蒋勇:《国有股权比例优化区间研究——基于面板门限回归
    模型》,《当代财经》2015 年第 6 期。

任力、倪玲:《中国低碳产业上市公司股权结构与经营绩效研究》,
    《当代经济研究》2014 年第 5 期。

Jensen M. C. & Meckling W. H. , "Theory of the Firm – Managerial Behav-
    ior, Agency Costs and Ownership Structure", *Journal of Financial E-
    conomics*, Vol. 3, No. 4, 1976, pp. 305 – 360.

Grossman S. J. & Hart O. D. , "Takeover Bids, the Free – rider Problem
    and the Theory of the Corporation", *The Bell Journal of Economics*,
    Vol. 11, No. 1, 1980, pp. 42 – 64.

Pagano M., Roell A., "The Choice of Stock Ownership Structure: Agency Cost, Monitoring, and The Decision to Go Public", *The Quarterly Journal of Economics*, Vol. 113, No. 1, 1998, pp. 188 – 225.

贾钢、李婉丽：《多个大股东制衡结构的形成及其对公司价值的影响——基于股权结构内生性视角》，《软科学》2008 年第 4 期。

Megginson, W. & Netter. J. M., "From State to Market: A Survey of Empirical Studies on Privatization", *Journal of Economic Literature*, Vol. 39, No. 2, 2001, pp. 321 – 389.

Black, B., R. Kraakman & A. Tarassova, "Russian Privatization and Corporate Governance: What Went Wrong?", *Stanford Law Review*, Vol. 52, No. 6, 1999, pp. 1731 – 1808.

张俊喜、张华：《民营上市公司的经营绩效、市场价值和治理结构》，《世界经济》2004 年第 11 期。

王甄、胡军：《控制权转让、产权性质与公司绩效》，《经济研究》2016 年第 4 期。

朱红军、汪辉：《"股权制衡"可以改善公司治理吗？——宏智科技股份有限公司控制权之争的案例分析》，《管理世界》2004 年第 10 期。

孙兆斌：《股权集中、股权制衡与上市公司的技术效率》，《管理世界》2006 年第 7 期。

徐莉萍、辛宇、陈工孟：《股权集中度和股权制衡及其对公司经营绩效的影响》，《经济研究》2006 年第 1 期。

La Porta R., Lopez – de – silanes F., Shleifer A., Vishny R., "Law and Finance", *Journal of Political Economy*, Vol. 106, No. 6, 1998, pp. 1113 – 1155.

蒋弘、刘星：《大股东股权制衡与上市公司并购绩效》，《南方经济》2012 年第 9 期。

李琳、刘凤委、卢文彬：《基于公司业绩波动性的股权制衡治理效应研究》，《管理世界》2009 年第 5 期。

陈德萍、陈永圣：《公司绩效关系研究——2007—2009 年中小企业板块的实证检验》,《会计研究》2011 年第 1 期。

郝云宏、汪茜:《混合所有制企业股权制衡机制研究——基于"鄂武商控制权之争"的案例解析》,《中国工业经济》2015 年第 3 期。

张光荣、曾勇:《股权制衡可以改善公司治理吗——基于公平与效率视角的实证检验》,《系统工程》2008 年第 8 期。

徐晓东、陈小悦:《第一大股东对公司治理、企业业绩的影响分析》,《经济研究》2003 年第 2 期。

Shleifer A. & Vishny R. , "Large Shareholders and Corporate Control", *Journal of Political Economy*, No. 94, 1986, pp. 461 – 488.

赵景文、于增彪:《股权制衡与公司经营业绩》,《会计研究》2005 年第 12 期。

杨记军、逯东、杨丹:《国有企业的政府控制权转让研究》,《经济研究》2010 年第 2 期。

唐跃军、左晶晶:《政策性扰动、大股东制衡与董事会独立性》,《财经研究》2010 年第 5 期。

厉以宁:《中国道路与混合所有制经济》,商务印书馆 2014 年版。

江涛:《混合所有制经济理论与实践》,社会科学文献出版社 2016 年版。

李正图:《混合所有制经济研究》,上海社会科学院出版社 2016 年版。

宋文阁:《混合所有制的逻辑:新常态下的国企改革和民企机遇》,中华联合工商出版社 2014 年版。

程志强:《国有企业改革和混合所有制经济发展》,人民日报出版社 2016 年版。

张文魁:《混合所有制的公司治理与公司业绩》,清华大学出版社 2015 年版。

晓甘:《国民共进:宋志平谈混合所有制》,企业管理出版社 2014 年版。

齐桂珍:《中国所有制理论博弈与演进——1978—2015 年从公有制到混合所有制,对改革开放以来中国所有制的发展全面论述》,知识产权出版社 2015 年版。

朱光华:《过渡经济中的混合所有制、公有制与其他经济成分关系研究》,天津人民出版社 1999 年版。

吴一平:《中国工业行业创新能力差距的分解》,《南方经济》2010 年第 3 期。

吴延兵:《R&D 存量、知识函数与生产效率》,《经济学》(季刊)2006 年第 4 期。

李平、崔喜君、刘建:《中国自主创新中研发资本投入产出绩效分析——兼论人力资本和知识产权保护的影响》,《中国社会科学》2007 年第 2 期。

刘凤朝、沈能:《基于专利结构视角的中国区域创新能力差异研究》,《管理评论》2006 年第 11 期。

丁启军:《行政垄断行业高利润来源研究——高效率,还是垄断定价?》,《产业经济研究》2010 年第 5 期。

安同良、施浩、Ludovico Alcorta:《中国制造业企业 R&D 行为模式的观测与实证》,《经济研究》2006 年第 2 期。

吴延兵:《中国哪种所有制类型企业最具创新性?》,《世界经济》2012 年第 6 期。

吴延兵:《不同所有制企业技术创新能力考察》,《产业经济研究》2014 年第 2 期。

周黎安、罗凯:《企业规模与创新:来自中国省级水平的经验证据》,《经济学》(季刊)2005 年第 3 期。

吴延兵:《企业产权结构和隶属层级对生产率的影响》,《南方经济》2011 年第 4 期。

聂辉华、谭松涛、王宇锋:《创新、企业规模和市场竞争:基于中国企业层面的面板数据分析》,《世界经济》2008 年第 7 期。

Erming Xu, Han Zhang, "The Impact of State Shares on Corporate Innovation Strategy and Performance in China", *Asia Pacific Journal of Management*, Vol. 25, Issue 3, 2008, pp. 473 – 487.

陈林、朱卫平:《创新竞争与垄断内生——兼议中国反垄断法的根本性裁判准则》,《中国工业经济》2011 年第 6 期。

陈林、朱卫平:《创新、市场结构与行政进入壁垒——基于中国工业企业数据的熊彼特假说实证检验》,《经济学》(季刊) 2011 年第 2 期。

汪丁丁:《经济学理性主义的基础》,《社会学研究》1998 年第 2 期。

Becker, Gary S. , "A Theory of Social Interactions", *Journal of Political Economy*, Vol. 82, No. 6, December 1974, pp. 1063 – 1093.

叶航、汪丁丁、罗卫东:《作为内生偏好的利他行为及其经济学意义》,《经济研究》2005 年第 8 期。

周瑞明:《技术进步、技术效率与中国农业生产率增长——基于 DEA 的实证分析》,《数量经济与技术经济研究》2009 年第 12 期。

Fare R. , Grosskopf S. & Lovell C. A. K. , "*Production Frontiers*", Cambridge: Cambridge University Press, 1994.

景玉琴:《经济学理性的层次与界阈》,《经济评论》2008 年第 2 期。

周黎安、罗凯:《企业规模与创新:来自中国省级水平的经验证据》,《经济学》(季刊) 2005 年第 3 期。

吴延兵:《市场结构、产权结构与 R&D——中国制造业的实证分析》,《统计研究》2007 年第 5 期。

吴延兵:《国有企业双重效率损失研究》,《经济研究》2012 年第 3 期。

张秀峰、陈光华、杨国梁、刘霞:《企业所有权性质影响产学研合作创新绩效了吗?》,《科学学研究》2015 年第 6 期。

姚洋:《非国有经济成分对我国工业企业技术效率的影响》,《经济研究》1998 年第 12 期。

姚洋、章奇:《中国工业企业技术效率分析》,《经济研究》2001 年第 10 期。

Lin C. , Lin P. , Song F. , "Property Rights Protection and Corporate R&D: Evidence from China", *Journal of Development Economics*, Vol. 93, No. 1, 2009, pp. 49 – 62.

唐跃军、左晶晶:《所有权性质、大股东治理与公司创新》,《金融研究》2014 年第 6 期。

李春涛、宋敏：《中国制造业企业的创新活动：所有制和 CEO 激励的作用》，《经济研究》2010 年第 5 期。

张伟、于良春：《混合寡头厂商的合作研发及反垄断控制研究》，《中国工业经济》2014 年第 5 期。

朱平芳、徐伟民：《政府的科技激励政策对大中型工业企业 R&D 投入及其专利产出的影响》，《经济研究》2003 年第 6 期。

傅元海、叶祥松、王展祥：《制造业结构优化的技术进步路径选择——基于动态面板的经验分析》，《中国工业经济》2014 年第 9 期。

王玉燕、林汉川、吕臣：《全球价值链嵌入的技术进步效应——来自中国工业面板数据的经验研究》，《中国工业经济》2014 年第 9 期。

林俊清、黄祖辉、孙永祥：《高管团队内薪酬差距、公司绩效和治理结构》，《经济研究》2003 年第 4 期。

E. P. Lazear, Sherwin Rosen, "Rank – order Tournaments as Optimal Labor Contracts", *Journal of Political Economy*, No. 5, 1981, pp. 841 – 864.

Sherwin, Rosen, "Prizes and Incentives in Elimination Tournaments", *American Economic Review*, No. 4, 1986, pp. 701 – 715.

Henderson, Andrew D., Fredrickson, James W., "Top Management Team Coordination Needs and the CEO Pay Gap: A Competitive Test of Economic and Behavioral Views", *Academy of Management Journal*, No. 1, 2001, pp. 96 – 117.

陈震：《高管层级差报酬的成因和后果》，《南方经济》2006 年第 3 期。

张正堂：《高层管理团队协作需要、薪酬差距和企业绩效：竞赛理论的视角》，《南开经济评论》2007 年第 2 期。

闫威、杨金兰：《锦标赛理论研究综述》，《华东经济管理》2010 年第 8 期。

胥佚萱：《企业内部薪酬差距、经营业绩与公司治理——来自中国上市公司的经验证据》,《山西财经大学学报》2010 年第 7 期。

王永乐、吴继忠:《中华文化背景下薪酬差距对我国企业绩效的影响——兼对锦标赛理论和行为理论适用对象的确认》,《当代财经》2010 年第 9 期。

陈冬华、范从来、沈永建、周亚虹:《职工激励、工资刚性与企业绩效——基于国有非上市公司的经验证据》,《经济研究》2010 年第 7 期。

鲁海帆:《高管团队内薪酬差距、风险与公司业绩——基于锦标赛理论的实证研究》,《经济管理》2011 年第 12 期。

张晨宇、樊青芹:《内部薪酬差距与企业绩效的关系:锦标赛理论、行为理论之争》,《财会月刊》20124 年第 6 期。

王亚玲、平海永:《锦标赛理论在我国上市公司的适用性》,《浙江金融》2005 年第 5 期。

Leventhal G. S. , Karuza J. & Fry W. R. , "Beyond Fairness: A Theory of Allocation Preferences, Justice and Social Interaction: Experimental and Theoretical Contributions from Psychological Research", New York: Springer – Verlag, 1980, pp. 167 – 218.

Jerald Greenberg, "A Taxonomy of Organizational Justice Theories ", *Academy of Management Review*, No. 1, 1987, pp. 9 – 22.

Cowherd, Douglas M. , Levine, David I. , "Product Quality and Pay Equity Between Lower – level Employees and Top Management: An Investigation of Distributive Justice Theory", *Administrative Science Quarterly*, No. 2, 1992, pp. 302 – 320.

卢锐:《管理层权力、薪酬差距与绩效》,《南方经济》2007 年第 7 期。

刘小刚:《高管内部薪酬差距对公司绩效影响的实证研究》,《中国管理信息化》2010 年第 12 期。

陆正飞、王雄元、张鹏:《国有企业支付了更高的职工工资吗?》,《经济研究》2012 年第 3 期。

宋德舜:《国有控股、最高决策者激励与公司绩效》,《中国工业经济》2004 年第 3 期。

Leonard J. S. , "Executive Pay and Firm Performance", *Industrial and Labor Relations Review*, Vol. 43, No. 3, 1990, pp. 13 – 29.

Ang J. S. , Hauser S. , Lauterbach B. , "Contestability and Pay Differential in the Executive Suites", *European Financial Management*, Vol. 4, No. 3, 1998, pp. 335 – 360.

Conyon M. J. , Peck S. I. , Sadler G. V. , "Corporate Tournaments and Executive Compensation: Evidence from the U. K", *Strategic Mangement Journal*, Vol. 22, No. 8, 2001, pp. 805 – 815.

谌新民、刘善敏：《上市公司经营者报酬结构性差异的实证研究》，《经济研究》2003 年第 8 期。

李维安、刘绪光、陈靖涵：《经理才能、公司治理与契约参照点——中国上市公司高管薪酬决定因素的理论与实证分析》，《南开管理评论》2013 年第 2 期。

林峰：《行政垄断型行业与竞争性行业收入分配差距与合理化问题研究》，博士学位论文，山东大学，2014 年。

刘小鲁、聂辉华：《国企混合所有制改革：怎么混？混得怎么样?》，中国社会科学出版社 2016 年版。

Jensen, Michael C. and Kevin J. Murphy, "Performance Pay and Top Management Incentives", *Journal of Political Economy*, Vol. 98, No. 2, 1990, pp. 225 – 265.

Healy R. M. , "The Effect of Bonus Schemes on Accounting Decision", *Journal of Accounting and Economics*, Vol. 7, No. 1, 1985, pp. 85 – 107.

Jensen M. , W. Meckling, "Theory of the Firm: Managerial Behavior Agency Costs and Ownership Structure", *Journal of Financial Economics*, No. 3, 1976, pp. 305 – 360.

李延喜、包世泽、高锐：《薪酬激励、董事会监管与上市公司盈余管理》，《南开管理评论》2007 年第 6 期。

戴云、刘益平：《高管薪酬诱发盈余管理的实证研究》，《工业技术经济》2010 年第 1 期。

Watts R. , J. Zimmerman, "Toward a Positive Theory of Determination of Accounting Standards", *The Accounting Review*, Vol. 53, No. 1, 1978, pp. 112 – 134.

Dechow R. M. , R. G. Sloan, A. P. Sweeney, "Detecting Earnings Management", *The Accounting Review*, Vol. 70, No. 2, 1995, pp. 193 – 225.

Bergstresser D. , T. Philippon, "CEO Incentives and Earnings Management", *Journal of Financial Economics*, Vol. 8, No. 3, 2005, pp. 511 – 529.

刘斌、刘星、李世新:《CEO 薪酬与企业业绩互动效应的实证检验》,《会计研究》2003 年第 3 期。

罗玫、陈运森:《建立薪酬激励机制会导致高管操纵利润吗》,《中国会计评论》2010 年第 1 期。

黎文靖、郑曼妮:《实质性创新还是策略性创新?——宏观产业政策对微观企业创新的影响》,《经济研究》2016 年第 4 期。

岳希明、李实、史泰丽:《垄断行业高收入问题探讨》,《中国社会科学》2010 年第 3 期。

于良春:《转轨经济中的反行政垄断与促进竞争政策研究》,经济科学出版社 2011 年版。

高明华:《公司治理与国企发展混合所有制》,《天津社会科学》2015 年第 5 期。

张文魁:《混合所有制的公司治理与公司业绩》,北京大学出版社 2015 年版。